DE LA COLLECTION

GÉOGRAPHIQUE

CRÉÉE

A LA BIBLIOTHÈQUE ROYALE;

EXAMEN

DE CE QU'ON A FAIT ET DE CE QUI RESTE A FAIRE

POUR COMPLÉTER CETTE CRÉATION

ET LA RENDRE DIGNE DE LA FRANCE.

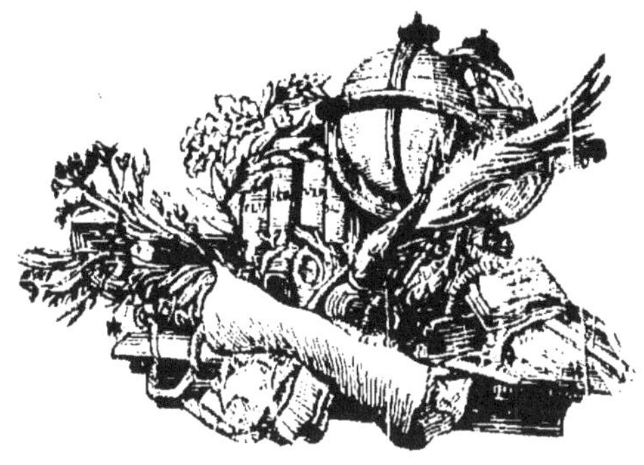

PARIS

IMPRIMERIE D'E. DUVERGER,

RUE DE VERNEUIL, N° 4.

JANVIER 1848

DE LA COLLECTION

GÉOGRAPHIQUE

CRÉÉE

A LA BIBLIOTHÈQUE ROYALE;

EXAMEN

DE CE QU'ON A FAIT ET DE CE QUI RESTE A FAIRE

POUR COMPLÉTER CETTE CRÉATION

ET LA RENDRE DIGNE DE LA FRANCE.

PARIS

IMPRIMERIE DE E. DUVERGER,

RUE DE VERNEUIL, N° 4.

ANNÉE 1848.

OBSERVATION PRÉLIMINAIRE.

Le Mémoire qu'on va lire est rédigé depuis six années : destiné seulement à l'administration supérieure, il n'a pas été livré à la publicité, bien qu'à deux reprises différentes, en 1843 et en 1845, la nécessité de le répandre se soit fait sentir ; l'auteur avait constamment espéré, de jour en jour, que l'utilité d'un établissement tel que le *Dépôt général de géographie* attirerait l'attention, de manière à rendre superflue toute publication : son attente a été déçue.

Quinze ans d'efforts n'ont pu rompre les entraves qui entourent encore son berceau, et la marche de l'institution se trouve aujourd'hui ralentie. Celui à la garde de qui cette création est confiée a un devoir à remplir. Il a, vis-à-vis du public et des savants, comme vis-à-vis du gouvernement qui lui a confié cette tâche, une sorte de responsabilité qui lui ferait aujourd'hui une loi d'exposer la situation du nouvel établissement, quand bien même une commission n'aurait pas été nommée récemment pour s'enquérir de l'état de la Bibliothèque Royale.

Une commission aussi éclairée, composée d'hommes aussi éminents, ne peut évidemment avoir d'autre but, et ses travaux d'autre résultat que l'amélioration de toutes les branches de notre grand musée littéraire, et elle distinguera certainement le département de géographie qui, pour être le dernier créé, n'en est pas moins appelé à rendre d'importants services. Savants, astronomes, ingénieurs, érudits, historiens, voyageurs, marins, commerçants, publicistes, administrateurs, géologues, y doivent puiser, y ont déjà puisé des secours pour leurs études, leurs recherches, leurs opérations. L'intérêt qui s'attache aux études géographiques, le besoin de les élever de plus en plus, la nécessité de les répandre et de les généraliser en France, même de les populariser comme on le voit en Allemagne et en Angleterre où elles sont bien plus en honneur, tant de motifs de haute administration, touchant même en quelque sorte à la politique, ne peuvent donc manquer d'appeler la protection de la commission savante qui prépare sans doute les bases d'une nouvelle ordonnance et peut-être d'une loi nouvelle. Elle reconnaîtra la nécessité de

constituer définitivement la COLLECTION GÉO-
GRAPHIQUE, de la doter noblement, de mettre
un terme aux retards dont elle souffre depuis
longtemps, enfin de la faire sortir de l'état
précaire auquel on l'a condamnée.

On ne doit pas s'attendre à rien trouver ici
sur le régime général de la Bibliothèque Royale,
sur l'organisation et le service de ce grand
musée composé de tant de branches diverses,
ni sur les questions de choses et de personnes
que l'année dernière a vu soulever : toutes
sont en dehors de notre sujet. Cet écrit n'a
qu'un objet; c'est de signaler à l'administration, aux juges compétents, aux amis des
sciences, l'état et les besoins de la nouvelle
création, ainsi que son incontestable utilité et
le but élevé auquel elle doit tendre. Si, en re-
vanche, on trouve ici des détails un peu minutieux, que le lecteur veuille bien les excuser
en faveur de l'importance que tout bon esprit
doit attacher au succès de cette entreprise.

Personne ne trouvera extraordinaire que
le doyen d'âge des conservateurs de la Bibliothèque se montre un peu pressant dans ses
instances : il n'était déjà plus jeune lors de la
formation du cabinet de géographie; après
plus de quinze ans d'attente, *quindecim annos,*
maximam partem vitæ humanæ, il est naturel
qu'il sollicite avec quelque vivacité. L'in-

nieur de 1798, le soldat de Napoléon en Égypte, ne peut pas, sans doute, se flatter d voir l'arbre planté d'hier porter tous ses fruits; mais il peut espérer encore d'en voir quelques-uns naître et mûrir; il l'espère d'autant plus que le ministre, sous l'autorité duquel sont placés les corps savants et les établissements littéraires, a prouvé l'intérêt qu'il porte aux progrès de la géographie et des découvertes. Ce ministre connaît le zèle pur qui anime le fonctionnaire préposé à la collection géographique; il connaît sa persévérance et son dévouement; il sait qu'aucune autre ambition, aucun autre mobile ne le pousse que le désir d'être encore une fois utile à son pays.

La vérité des faits sera rétablie dans ces pages; puisse ce nouvel effort de l'auteur amener enfin l'amélioration qu'il réclame.

JOMARD,

Membre de l'Institut de France, Conservateur de la collection géographique de la bibliothèque Royale et du dépôt du Voyage d'Égypte.

DE LA

COLLECTION GÉOGRAPHIQUE

CRÉÉE A LA BIBLIOTHÈQUE ROYALE[1].

---

§ 1er. Objet qu'on s'est proposé en créant un dépôt général de géographie à la Bibliothèque Royale. Ordonnance de création.

Un ministre éclairé autant que patriote, homme éminent sous plus d'un rapport, frappé de l'extension des découvertes géographiques depuis la fin du siècle dernier, persuadé de l'heureuse influence qu'ont exercée sur les relations commerciales des peuples ces connaissances plus répandues, regrettant enfin que la géographie ne fût pas aussi avancée ni aussi en honneur ici qu'en Allemagne et en Angleterre, a eu l'heureuse et grande idée d'établir dans la capitale un dépôt gé-

[1] La longue et vaine attente d'une amélioration force aujourd'hui l'auteur à publier ce Mémoire depuis longtemps composé, et à mettre ses griefs sous les yeux des savants et du public ami des sciences et de l'honneur national.

néral des productions de cette science[1]. Il avait re-
marqué (Napoléon avait déjà fait cette remarque
vingt ans auparavant[2]) que la Bibliothèque
Royale de Paris ne possédait pas de cabinet de
cartes géographiques, qu'elle n'avait pas de division distincte, ni de fonds particuliers pour la formation et l'accroissement des collections de ce
genre; d'un autre côté, il pensait que ce serait
compléter notre grand musée littéraire que de lui
adjoindre une branche tout historique et toute
scientifique; il créa en conséquence, à la Bibliothèque Royale, un *département spécial de géographie*, destiné en même temps à servir de dépôt central aux *produits des voyages* entrepris aux frais
de l'État. Cette division prenait sa place à côté de
celle des livres, des manuscrits, des médailles et
des estampes. Un local convenable lui fut assigné
dans un emplacement contigu, qu'occupait encore
à cette époque le ministère des finances et qui ne
dépendait pas encore de la Bibliothèque[3]. Le dépôt
du *Voyage d'Égypte*, comme noyau de tous ceux
des voyages subséquents, lui était annexé par l'ordonnance de création. Rien ne manquait à cette

(1) Voy. Appendice (A).

(2) Lors de la visite que fit l'empereur à la Bibliothèque
en 1808, il demanda à M. Van Praet s'il y avait une collection
de cartes, et, sur la réponse du savant bibliographe, il offrit
d'affecter 50,000 fr. aux acquisitions pour cet objet spécial.

(3) Voy. Appendice (B).

tion, à ces premières mesures, que la *dotation* de l'établissement.

Avant d'examiner ce qui a été fait pour réaliser la pensée du vicomte de Martignac, entrons dans quelques développements sur le but, l'objet et la destination du nouveau département de la Bibliothèque Royale.

Réunir sur un point les productions de tout genre auxquelles donnent naissance les sciences et les travaux géographiques pris dans leur plus grande généralité, les classer scientifiquement et dans le meilleur ordre, les conserver et les disposer de manière à recevoir les accroissements futurs; enfin, les livrer à l'étude et les mettre à la disposition de tout le monde, tel est, en peu de mots, le principal objet de cette institution libérale. Les découvertes consignées sur les cartes étant le fruit des voyages et des excursions des ingénieurs et des explorateurs, les principales relations accompagnées de cartes et de tracés itinéraires font partie essentielle des productions géographiques qui sont à rassembler.

Un tableau abrégé de toutes les espèces de cartes et de productions géographiques ne sera pas déplacé ici, d'autant plus qu'il constituera pour ainsi dire la définition complète de l'établissement dont il s'agit, et que celui-ci est déjà formé et rangé sur ce plan. Cinq branches principales et distinctes composent le domaine de la science : 1° la géo-

graphie mathématique et la cosmographie ; 2°
la géographie générale et la chorographie (ou la
géographie proprement dite) ; 3° la géographie
physique ; 4° la géographie sociale, c'est-à-dire
politique, civile et administrative ; 5° la géographie historique et toutes ses branches.

Chacune de ces divisions se partage elle-même
en *cinq* autres, savoir, la première : *a*, uranographie : éclipses, planètes, pôles, horizons...; *b*, géodésie, projection des cartes ; *c*, hypsométrie ; *d*,
métrologie ; *e*, gnomonique.

La deuxième : *a*, atlas généraux, mappemondes
et planisphères; *b*, parties du monde ; *c*, contrées et
états ; *d*, plans et cartes topographiques ; *e*, hydrographie maritime : courants, marées, phares, etc.

La troisième : *a*, atlas et cartes physiques : mé-
téorologie, climatologie, volcans, magnétisme terrestre, boussoles, roses des vents ; *b*, cartes et
coupes orographiques ; *c*, cartes et coupes géologiques : géognosie, minéralogie, pétrographie, etc.,
d, *l'habitat*, c'est-à-dire cartes phythologiques et
zoologiques, ou géographie des plantes et des animaux ; *e*, hydrographie continentale ou terrestre,
c'est-à-dire les eaux intérieures du globe : eaux
courantes ou stagnantes, fleuves, rivières et lacs ;
parallèles des fleuves, lacs, chutes, cataractes, etc.

La quatrième : *a*, cartes statistiques et ethnographiques ; cartes judiciaires ; cartes administratives, cartes agricoles, cartes commerciales et in-

dustrielles (mines, usines, etc.); cartes ecclé-
siastiques ou situation des établissements ecclésias-
tiques, des congrégations et ordres religieux; po-
pulation, langues, degré d'instruction, variétés
des races humaines: *b*, cartes itinéraires, cartes des
postes, cartes des chemins de terre, chemins de
fer, navigation à la vapeur[1]; *c*, cartes d'économie
politique: douanes, cadastre, impositions, cartes
des forêts: *d*, cartes des canaux: *e*, cartes frontières.

La cinquième: *a*, géographie biblique et sacrée;
b, géographie ancienne et comparée (à quoi se rattachent la géographie numismatique et la géographie mythologique); *c*, le théâtre des guerres: les
manœuvres, les batailles, les sièges, les expéditions
militaires, les combats de terre et de mer; *d*, les
cartes et atlas des voyages: *e*, enfin les cartes du
moyen âge et les monuments de la géographie:
cet article comprend les cartes anciennes, depuis le
dixième siècle jusque vers le milieu du seizième, époque où Ortelius entreprit la réforme de la géographie: la réunion de ces pièces a pour but et aura pour
résultat d'éclairer et de fixer définitivement l'histoire de la science par ses productions graphiques.

À cette dernière branche se rattachent les *cartes
orientales* (lesquelles sont d'une époque plus ou

(1) Il y a d'autres espèces de cartes qu'on pourrait appeler
aussi itinéraires, savoir celles qui marquent la route des ca-
ravanes, la ligne apparente que suivent les bolides, ou encore
l'itinéraire des maladies contagieuses, etc., etc.

moins ancienne , c'est-à-dire les cartes arabes, chinoises, japonaises, turques, persanes, etc., etc.

Les autres espèces de cartes, telles que les cartes
et globes en relief ; les cartes qui se distinguent par
une exécution toute spéciale, comme les cartes xy-
lographiques, typographiques, etc. ; les cartes qui
ont un objet particulier, comme les cartes scolaires,
murales, etc., ou bien les cartes symboliques, al-
légoriques ; les collections diverses de cartes, telles,
par exemple, que les isolaires ; les cartes remarquables par leur singularité, les échelles géographiques, etc., forment une branche supplémentaire
qui se place à la suite des cinq grandes divisions.
C'est dans cette section que prennent place les catalogues de cartes, les dictionnaires géographiques
spéciaux et officiels, les principaux recueils périodiques géographiques accompagnés de cartes, les
tableaux géographiques, les modèles topographiques pour le figuré du terrain, pour l'arpen-
tage, etc., et encore les objets matériels en métal,
en bois, en pierre qui intéressent la géographie
et son histoire, tels que les anciens globes célestes
et terrestres, astrolabes, armilles, cercles, boussoles, arbalestrilles, cadrans et autres instruments
d'observation ; il faut y joindre les modèles des
mesures linéaires de tous les peuples (bases des
mesures itinéraires), et aussi quelques médailles et
médaillons représentant des parties du globe [1].

[1] D'après l'ordonnance de fondation du 10 mars 1828, le

Ce simple aperçu, bien qu'incomplet, donnera cependant une idée juste et suffisante de la diversité des objets composant une collection géographique universelle, méthodiquement distribuée et rangée, assujettie enfin à une division systématique et scientifique. Il est aisé de voir que si un espace convenable lui est consacré, il sera toujours possible d'y trouver sur-le-champ une pièce donnée, fût-elle un simple feuillet in-4°, tout aussi facilement que s'il s'agissait d'un volume relié : ce n'est pas le lieu d'entrer sur ce classement dans de plus grands détails[1].

dépôt de géographie et des voyages devra en outre comprendre un jour un cabinet ethnographique, espèce de collection qui le complète et qui d'ailleurs ne peut être instructive et ne saurait avoir d'*utilité réelle* que jointe à une collection géographique ; il faut qu'elle soit en effet scientifiquement classée suivant l'ordre des sujets et suivant l'ordre des lieux, subordonnée enfin à une méthode rigoureuse ; autrement elle n'aurait rien de scientifique et d'utile, et n'aurait aucune autre valeur que l'intérêt d'une vaine et stérile curiosité : ce sujet important fait la matière d'un autre écrit. Voyez *Considérations sur l'objet et les avantages d'une collection spéciale consacrée aux cartes géographiques et aux diverses branches de la géographie*, Paris, 1831 ; *Rapport de la commission ministérielle présidée par le baron Cuvier en 1832* (voir le *Bulletin de la Société de géographie*, tome VI, 2ᵉ série, p. 89) ; *Lettre de M. le Dᵣ Siebold sur l'utilité des musées ethnographiques et sur l'importance de leur création dans les États européens*, Paris, in-8°, Duprat, 1843 ; et *Lettre à M. Siebold sur les collections ethnographiques, renfermant un système général de classement*, in-8°, Duprat, 1845.

(1) Voyez l'Appendice (F).

On voit aussi que l'espace nécessaire pour que le public des travailleurs puisse jouir de toutes ces cartes, commodément et avec profit, doit être bien éclairé et d'une étendue suffisante en superficie et en élévation. Les grands atlas exigent impérieusement cette condition ; chaque personne qui veut comparer plusieurs cartes à grand point a besoin, pour le moins, de deux mètres ; la hauteur de six à six mètres et demi n'est pas trop grande pour le développement des grandes cartes assemblées, suspendues aux plafonds. (Les autres conditions qui peuvent constituer un tel établissement, savoir, le personnel et une dotation permanente, ne pourraient être exposées ici complétement que si on entrait dans des détails que ne comporte pas ce mémoire.)

§ II. Ce qui a été fait quant à l'exécution de l'ordonnance de création.

On pourrait croire qu'un établissement si utile, et tout à fait national, qui ne devait rencontrer aucun obstacle bien difficile à vaincre, aucune rivalité, si ce n'est la concurrence des *Cartopoles*, qui devait au contraire trouver partout de la sympathie, exciter l'intérêt général, aurait marché rapidement au but, ou du moins sans rétrograder. Les entraves qui arrêtent d'ordinaire les entreprises nouvelles, souvent même les plus utiles, celle-ci ne devait point les redouter : il n'en a pas été ainsi, cet espoir ne s'est pas réalisé.

Tandis que le fonctionnaire à qui était confié le soin de former la collection multipliait ses efforts pour remplir dignement sa tâche; pendant qu'il suppléait par de l'activité au défaut de ressources qu'on ne mettait pas à sa disposition (car il n'avait ni fonds ni employés); pendant qu'il mettait à profit une correspondance étendue, ouverte depuis longtemps au dedans et au dehors du royaume lors de ses voyages et de ses précédents travaux scientifiques, c'est pendant ce temps même qu'on travaillait à supprimer le nouvel établissement. Saisissant le prétexte de la réforme d'anciens abus à la Bibliothèque Royale, on parlait ouvertement de mettre à néant l'ordonnance du 30 mars. Puisque trois ans à peine s'étaient écoulés, il n'y avait pas là d'anciens abus à corriger; mais les hommes n'étaient plus les mêmes : mais on ne se donnait pas la peine d'examiner, on ne prenait pas beaucoup d'intérêt à la création d'un autre.

Au dedans peu d'appui, et il ne faut pas s'en étonner ni s'en plaindre, puisque, d'une part, la Bibliothèque, frappée dans ses priviléges, n'avait pas plus de force qu'il ne fallait, et n'en avait pas même assez pour défendre son organisation ancienne et fondamentale, et que, d'autre part, ce n'était pas tout à fait de la sympathie qui avait accueilli en 1828 le nouvel établissement. Cela se conçoit et s'explique parfaitement de la part de toute corporation; le temps seul peut consacrer

une innovation importante et la faire accepter de
quiconque n'en a pas eu la pensée. L'institution
était donc sérieusement menacée; la géographie,
à peine admise à la Bibliothèque Royale, traitée
en étrangère malgré son droit de bourgeoisie résultant d'un acte de l'autorité publique, allait dis-
paraître du grand musée littéraire de l'Europe. Le
savant professeur Abel Remusat était alors président de la Bibliothèque; il faut lui rendre cette justice, il sut défendre la nouvelle création. On l'avait
admis dans une commission de réorganisation; il
comprit ce qu'il y avait et d'illibéral, et d'anti-
scientifique, et d'injuste, à frapper cette branche
de la Bibliothèque Royale, et cela sans entendre,
sans même informer le fonctionnaire investi du
nouveau service : il lui révéla le secret de la mesure destructive, et il l'engagea même à écrire;
c'est que le docte orientaliste connaissait à fond la
science géographique; c'est qu'il en avait tiré le
plus grand parti pour ses études et pour les trav
qui l'ont illustré; c'est qu'il avait fait lui-même une
riche collection géographique. Il y avait dans la
commission encore un autre homme éminent, le
baron Cuvier; l'on verra tout à l'heure qu'il était
loin d'être contraire à la nouvelle création, puisqu'il proposait, au nom d'une autre commission
ministérielle, de la compléter et d'exécuter en
entier l'ordonnance royale de fondation. Le conservateur écrivit donc, et il publia même une brochure

d'une centaine de pages déjà citée, sous le titre de : *Considérations sur l'objet et les avantages d'une collection spéciale consacrée aux cartes géographiques et aux diverses branches de la géographie.* Qu'arriva-t-il ? La commission, pour accorder à M. Abel Rémusat quelque chose, mais le moins possible, imagina de faire de la géographie une section du département des estampes, et l'ordonnance du 14 novembre 1852 vint consacrer cette énorme aberration. On le demande : qu'y a-t-il de commun entre les estampes et les cartes géographiques, entre le goût des sciences mathématiques et celui des beaux-arts, entre le domaine de la raison et celui de l'imagination ? Tout ne diffère-t-il pas, le but et les moyens, les résultats et les productions, les hommes et les choses, les travaux et les études ? Mais n'anticipons point sur cette question capitale, on lui doit de la traiter séparément et *ex professo.*

Voilà donc la géographie annexée aux estampes, sans fonds à elle, sans employés à elle : la conséquence fut qu'on pouvait lui faire quitter le local ou partie du local qui lui avait été assigné comme département ; la voilà confinée dans deux pièces étroites d'un entre-sol bas et obscur, c'est-à-dire étouffée dans son berceau ! Et cependant la grande bibliothèque nationale n'avait pas de collection géographique ; elle ne pouvait mettre aux mains des travailleurs, ni même sous les yeux du public, des visiteurs, des étrangers, les cartes anciennes ou nouvelles, impérieusement nécessaires à l'étude de l'histoire : anomalie d'autant plus étrange que jamais les études historiques n'avaient été aussi en honneur, aussi protégées et encouragées ! Et est-il nécessaire d'ajouter que l'histoire sans la géographie et ses productions est pour ainsi dire une impossibilité, un non-sens? Certes, sans faire ici le procès aux savants occupés des progrès de l'histoire, qui ont accepté, sinon la suppression, du moins l'affaiblissement des études géographiques à la Bibliothèque Royale, en les accolant par une bizarre fusion avec celle des estampes (comme si la géographie ne pouvait marcher toute seule), on pourrait dire, en quelque sorte, comme de l'enfant qui bat sa mère, qu'ils ont, en fils ingrats, frappé leur nourrice.

Dans cette nouvelle condition, qu'obtint le conservateur? un seul employé et un secours de quelques milliers de francs par année pour les acquisitions! Il persévéra cependant, et il ne se découragea pas, malgré le crédit des adversaires et la violence de certaines animosités.

Il a fallu une sorte de révolution dans les idées, et quatre ans de réclamations incessantes de la part du conservateur, pour obtenir quelque amélioration. Avec ses efforts, avec un travail continuel et une correspondance active à l'étranger, il obtenait des dons gratuits[1]; il enrichissait la col-

(1) Voy. appendice (E).

lection naissante, il établissait un plan d'acquisitions et un système de classement scientifique pour toutes les productions de la géographie. Écrivant notes sur notes, mémoires sur mémoires, il parvint à fixer l'attention des hommes parlementaires des deux chambres, distingués par leur instruction et leur goût pour les sciences. La tribune nationale retentit de plaintes publiques sur l'état des collections et des études géographiques ; les commissions des finances finirent par réclamer un changement, c'est-à-dire une allocation de fonds pour les acquisitions, et le ministère fut ainsi mis en demeure de faire quelque chose. Hâtons-nous de le dire, ce n'était pas le chef de ce département ministériel qui avait besoin d'être stimulé ; aucun ministre n'était animé de vues plus libérales que M. de Salvandy dans le sens de l'amélioration désirée ; il sentait comme M. de Martignac, il appelait à haute voix un progrès dans ces études, il voulait une dotation pour la collection géographique, persuadé de l'influence qu'elle pouvait avoir non-seulement sur les études de science et sur l'esprit de découvertes, mais sur nos relations politiques et commerciales, sur l'avenir même du pavillon français ; et comme il s'apprêtait à faire une demande spéciale, un incident survint qui modifia la mesure et qui la généralisa. Au lieu de demander aux chambres seulement un crédit de quatre-vingt mille ou cent mille francs pour la collection géographique, on demanda treize cent mille francs pour toutes les parties de la Bibliothèque et pour les diverses natures de dépenses. Il fut réglé que ce fonds serait fait en douze annuités; la section des cartes devait dépenser un crédit de soixante-quinze mille francs en six à huit années. Quatre ans se sont écoulés depuis cette époque; trente mille pièces sont entrées dans le cabinet par voie d'acquisition ou à titre de dons gratuits[1]; ces objets, réunis en vertu de la loi des finances et selon le vœu des chambres, se sont accumulés dans l'espace obscur et étroit qui a été affecté à la collection en 1854 par une mesure irréfléchie et un peu arbitraire; mais le moment est arrivé où il a fallu, de toute nécessité, qu'elles refluassent dans un local plus vaste, tel que celui qui a été consacré dès l'origine à la géographie, ou on a parlé, au contraire, d'y porter un autre dépôt de la Bibliothèque: ce dépôt est celui des estampes, très mal partagé à la vérité et d'une importance incontestable; mais celui des *médailles* est-il beaucoup mieux sous le rapport de l'espace, et pourquoi dépouillerait-on celui de la *géographie* du local qui lui a été destiné et qu'elle occupe depuis dix-neuf ans, local qui, en 1828, n'avait d'autre emploi que le service des finances[2]?

(1) Le nombre est doublé en 1847.
(2) Voy. appendice (B).

Le fait est qu'on ne se préoccupait nullement des besoins de la collection géographique, de l'espace qui lui était nécessaire actuellement, de celui que demandait son développement croissant et futur; il en est de même des besoins des travailleurs qui viennent le consulter, des voyageurs et des géographes qui viennent y étudier les cartes les plus récentes et les meilleures.

Que diraient les savants italiens, espagnols, russes, belges, allemands, anglais, danois, hollandais, américains, etc., etc., qui ont fréquenté le cabinet géographique depuis douze ans sur sa renommée naissante[1], et ceux qui, mûs par un sentiment d'estime bien honorable pour les conservateurs de la Bibliothèque Royale, ont fait à ce cabinet des dons précieux, tels que la grande carte dite d'Ordonnance par le bureau d'artillerie de la Grande-Bretagne, et la magnifique collection de l'amirauté anglaise, offertes par l'entremise d'un sous-secré-

[1] Parmi lesquels beaucoup de donateurs, le général Vacani, le général Zarco del Valle, don Ramon de la Sagra, C. San-Quintino, général La Marmora, J. Micali, Amari, duc Serra di Falco, Quaranta, Fuss, D Hamel, baron Humboldt, Ritter, de Martius, le baron de Capellen, Gazzera, d'Acosta, Schilling de Canstadt, Thomsen, Bolling, Münch, colonel Leake, Greenough, R. Brown, Jackson, le D Th. Wright, colonel Codazzi, comte Tourgueneff, Zimmer, baron de Reiffenberg, Quetelet, etc. En dernier lieu, le don généreux de M. le conseiller Werlauff de Copenhague montre l'intérêt qu'inspire au dehors, plus qu'en France peut-être, le nouvel établissement géographique. (Moniteur du... 1847.) (Voy. appendice (E.)

taire d'État ou Foreign-Office, etc., etc.[1]; que diraient les voyageurs qui sont venus, en partant ou à leur retour, consulter nos richesses géographiques ; que diraient les auteurs d'importants ouvrages d'histoire et d'érudition qui ont puisé à la même source ; que diraient les sociétés géographiques de Paris, Londres, Berlin, etc., si on leur apprenait que la France, après avoir fait les frais d'un établissement utile, unique peut-être en son genre, le laisserait dépérir, et cela quand tout tend à l'accroître, que l'espace, sans lequel il ne peut vivre, lui est refusé, que dis-je, lui est enlevé ? N'est-il pas évident que l'autorité qui aurait consenti à cette fausse mesure aurait été abusée sur les faits, qu'on aurait surpris sa religion ?

Les trois réglements intervenus ont sans doute nui au développement de la collection géographique, mais ils n'ont pas empêché le chef de ce service de redoubler de zèle et d'efforts ; si l'on doit regretter, déplorer même amèrement le temps perdu ; si, quoiqu'il y ait quelque chose de fait malgré tant d'entraves, on doit reconnaître que ce

(1) Il serait trop long de citer tous les savants étrangers qui, sans avoir vu personnellement la collection, ont pris intérêt à son accroissement : le comte Dietrichstein, le ch. San-Angelo, le général Visconti, le comte Graberg de Hemso, marquis de Barbosa, Angelo Pezzana, comte Orti Manara, comte Castiglione, comte Melzi, Hansteen, sir John Barrow, sir W. Hay, Albert Gallatin, Van der Maelen, etc. (Voy. appendice (K).

n'est rien encore, pour ainsi dire, en comparaison de ce qui reste à faire, même de ce qu'on pouvait faire en quatorze ans avec du concours et de la protection ; si ces faits sont de la plus grande certitude, n'est-il pas vrai qu'il est temps de s'arrêter sur le penchant d'une marche rétrograde?

§ III. Nécessité de séparer le dépôt de géographie de celui des estampes. — Différence radicale entre ces deux collections.

L'ordonnance de 1852, en faisant de la géographie une sorte d'annexe du département des gravures et estampes, semblerait avoir admis (momentanément, il faut l'espérer) un principe absolument faux ; c'est le suivant : « Un tableau est gravé sur métal ou sur pierre, et il est ensuite imprimé ; une carte géographique est aussi gravée et imprimée ; donc les deux feuilles de papier qui portent l'empreinte de ce tableau et de cette carte doivent être conservées ensemble, classées ensemble, et les deux genres de collections réunis ou juxtaposés. »

Ainsi, d'après cette règle, tout ce qui serait imprimé sur une surface plane, les papiers de tenture, les toiles peintes, les étoffes qui reçoivent une impression, seraient joints aux productions de la géographie, comme celles-ci le seraient aux gravures qui reproduisent les tableaux d'histoire les tableaux de chevalet, les dessins de paysage, les portraits et tous les sujets pittoresques! Bien d'autres conséquences bizarres, ou plutôt absurdes, résulteraient de l'admission de ce principe, que toutes les empreintes de planches doivent être réunies.

Mais qui ne voit que le progrès de la géographie, l'étendue nouvelle et l'importance de ses productions, son application croissante à l'économie publique, ont complétement changé l'état des choses? Autrefois toutes les cartes, celles d'une contrée ou d'une province, étaient, comme la carte du globe entier, contenues sur une seule feuille, et sur une feuille de petite dimension. Leur mesure était limitée comme celle d'une estampe. On n'avait pas entrepris ces grands travaux de levés géodésiques et de dessins topographiques, exécutés dans le dix-huitième siècle et qui en furent l'honneur, comme ils le sont du siècle présent: on n'en avait pas même conçu l'idée; alors les cartes, peu nombreuses, peu étendues, pouvaient se placer, sans un grand inconvénient peut-être, à la suite des estampes; elles étaient petites comme la science. La science a grandi, et ses produits avec elle. C'est par les découvertes qu'elle s'est développée, et en même temps les relations des peuples. Les connaissances géographiques, jadis dédaignées, sont devenues aujourd'hui un besoin immense; toutes les nations civilisées rivalisent

d'efforts pour en reculer les limites, pour en multiplier les résultats.

Supposons un moment, par une hypothèse bien
gratuite, que tous ces faits ne sont pas réels (et cependant ils sont incontestables); considérons la
question en elle-même. Par le fait de l'ordonnance, les estampes et les cartes devaient être réunies dans un même département, sous une même
direction ; est-ce à dire que dans la division ency-
clopédique des connaissances humaines, les arts
du dessin peuvent être et doivent être classés avec
la géométrie? Est-ce que les encyclopédistes, est-
ce que d'Alembert autrefois, et de nos jours Am-
père, et tant d'autres écrivains qui ont défini et
établi les différents rapports entre les connaissances humaines, qui en ont circonscrit et fixé les
limites, est-ce que, par hasard, ces philosophes
(ou l'un d'eux seulement), auraient jamais placé
le domaine de l'imagination à côté de celui des
mathématiques?

Quelles sont les bases de la géographie? Ne
sont-ce pas l'astronomie d'abord, à l'aide de laquelle est ordinairement fixée la position géographique des principaux lieux sur le globe ; ensuite
la trigonométrie, la géodésie et la géométrie, au
moyen desquelles on détermine la situation absolue des différents points rapportés aux trois coordonnées ; puis les formes du terrain et les accidents
qui en modifient la configuration? Et tout cela

ne se fait-il pas avec des instruments de mathématiques? L'altitude des lieux, le relief du sol, par exemple, ne peuvent être mesurés ou appréciés que par les ingénieurs, à l'aide d'observations et de méthodes rigoureuses.

Voilà pour les choses. Voyons maintenant quant aux personnes. Les géomètres qui construisent des cartes et des plans, et les artistes qui composent et gravent des tableaux, ont-ils quelque chose de commun? Mais ils partent de points tout différents et vont à des buts tout opposés; leurs modèles, leurs idées, leurs études, leur langage, leur manière de procéder, diffèrent, comme leurs instruments. Comment donc les travailleurs, qui viennent dans un établissement public comme la Bibliothèque Royale pour consulter et étudier des ouvrages aussi dissemblables, peuvent-ils raisonnablement et convenablement se trouver réunis sur le même point? Quant à l'inconvénient purement matériel, il est bien visible, puisqu'il faut de tout autres moyens d'étude, et, par exemple, des tables, toutes différentes pour les uns et pour les autres, et quant à la forme, et quant à la grandeur. En effet, l'espace nécessaire pour manier et retourner des cartes isolées doit être bien autrement étendu que pour un simple volume, même in-folio, posé sur un pupitre.

Et le personnel des employés! quelle bizarrerie ne serait-ce pas, pour un artiste, d'avoir à demander à un employé géographe telle œuvre du Titien ou de Rembrandt, un Marc-Antoine ou un Audran, etc. ; et, pour un ingénieur, un voyageur mathématicien, un capitaine de vaisseau ou un astronome, d'être dans le cas de demander à un employé, très versé d'ailleurs dans la connaissance des écoles de peinture et des maîtres de la gravure, par exemple, la carte d'une éclipse, ou bien la triangulation du royaume de Naples, ou l'hydrographie des mers du Sud, ou la carte géognostique du Harz? Il serait curieux, en effet, qu'on pût trouver, soit des conservateurs en chef ou des conservateurs adjoints, soit des premiers ou seconds et troisièmes employés, également habiles à discerner à la fois et les écoles de peinture et de gravure, et les travaux de géographie mathématique, de géographie historique, de géographie physique ; en état de connaître à la fois et la langue des beaux-arts et le langage des sciences exactes ; et, ce n'est pas tout, de connaître encore les langues mortes et vivantes, au moins leurs éléments.

D'un autre côté, n'est-il pas vraiment malhabile autant qu'absurde d'exposer un honnête employé, très capable dans sa spécialité, mais heureusement ignorant dans une autre tout opposée, au rire sardonique ou aux sarcasmes d'un visiteur étranger, ou aux questions malignes d'un public souvent railleur et toujours exigeant?

Insister sur cette démonstration serait, je crois, une insulte au bon sens du lecteur ; en voilà assez pour faire justice d'une association qu'on peut dire monstrueuse, en vertu de laquelle, par exemple, les *cartes géographiques* sont à côté des *cartes à jouer*.

Loin de moi la pensée d'affaiblir le moins du monde l'intérêt, l'utilité, l'importance même de l'étude des estampes, qui peut exercer une véritable influence sur le progrès des beaux-arts ; aussi bien serait-ce une entreprise insensée. Qui voudrait nier l'avantage, pour les artistes, de trouver rassemblés des modèles en tout genre, qui forment leur goût et préviennent les écarts de leur imagination par un commerce habituel avec l'œuvre des meilleures écoles ? J'apprécie autant que personne tout ce qu'il faut de connaissances et d'instruction spéciale pour la formation, la direction et le service d'un cabinet d'estampes aussi riche, aussi complet que celui de la Bibliothèque Royale, le premier peut-être qui existe, et dont on doit en grande partie l'immense développement au zèle, à l'instruction et à l'expérience spéciale du conservateur actuel ; l'oublier serait une sorte d'ingratitude. Mon but unique est de prouver que ce cabinet n'a rien de commun avec les collections géographiques.

Il s'en faut que nous ayons épuisé toutes les raisons qui militent pour rétablir la séparation de deux choses aussi incohérentes que les estampes et la géographie; c'est un sujet sur lequel nous reviendrons peut-être encore : mais une seule raison suffirait pour rendre cette distinction nécessaire; c'est celle de l'affectation des fonds du budget aux acquisitions. Comment concilier les besoins de la géographie avec ceux des estampes? Dans les autres départements, les deux conservateurs comparent ensemble des objets analogues ; la préférence est acquise d'un commun accord à celui qui, toutes choses égales d'ailleurs, présente le plus d'intérêt et d'utilité. Allez donc comparer l'utilité d'une carte céleste, ou terrestre, ou maritime avec une estampe d'histoire, ou de portrait, ou d'ornement ! A moins de séparer d'avance les fonds d'acquisition, ne serait-ce pas un tiraillement continuel, et n'aboutirait-on pas, au grand dommage et de l'art et de la science, à une sorte de stagnation absolue, par suite de prétentions réciproques et inconciliables? Ou bien, si l'on sépare l'emploi des fonds (comme cela est à présent même, grâce au crédit spécial alloué momentanément à la partie géographique), la raison dit que tout le reste doit suivre la même condition. Mais lorsque l'on réunissait la division des cartes géographiques au département des estampes (lequel, à lui seul, est une partie si importante de tout l'établissement), et cela sans la doter à part, ou bien l'on ôtait à ce dernier département ses moyens d'existence, ou bien on les diminuait notablement.

Or, ne faut-il pas qu'il se tienne toujours au courant des productions étrangères et soutienne le premier rang qu'il occupe parmi les cabinets de l'Europe?

§ IV. Ce qui reste à faire. — Besoins de l'institution. — Allocation spéciale accordée par les chambres en 1839. — Service de la division géographique.

Nous avons dit qu'en 1858 une allocation avait été votée pour être répartie en annuités sur six à huit exercices, à partir de 1859, et qu'une première somme avait été accordée pour les acquisitions de la *collection géographique*. Ce crédit spécial, toujours employé sous le contrôle de l'administration de la Bibliothèque Royale et sous l'approbation du ministre, a procuré jusqu'à présent des résultats qui ne sont pas indignes d'attention; plusieurs rapports ont été adressés au ministre par le directeur de la Bibliothèque, et les résultats ont été rendus publics année par année[1].

La mesure générale prise pour toute la Bibliothèque à l'occasion des réclamations incessantes du conservateur chargé d'une seule de ses branches a peut-être fait un peu perdre de vue la *collection* elle-même et empêché qu'elle n'attirât autant les regards et la protection de l'autorité supérieure; cependant il s'en est félicité loin de s'en plaindre, parce qu'il a espéré que bientôt tous les autres

(1) *Voy.*, dans le *Bulletin de la Société de Géographie*, le dernier numéro de chaque année, de 1839 à 1846 inclusivement.

besoins seraient satisfaits ; en a-t-il été ainsi? C'est
ce qu'il faut examiner.

Quelque riche que fût le *département des imprimés* à la Bibliothèque, cependant il était no-
toire que les nouveaux livres imprimés à l'étranger,
même les plus importants, lui manquaient ; le catalogue si souvent demandé était tout entier à faire ;
enfin la conservation des livres exigeait une somme
spéciale destinée à la reliure. Tels étaient les besoins à servir ; pour la partie géographique, il y
avait encore autre chose à faire que de voter des
fonds pour les acquisitions ; il y avait à pourvoir
au personnel, comme on y a pourvu dans le département des livres et dans tous les autres qui ont
les employés nécessaires, et pour le service intérieur, et pour le service public.

Accroître les collections, les *conserver*, les *com-
muniquer* au public, tels sont, en trois mots, les
devoirs, tels sont les divers genres de travail im-
posés aux fonctionnaires de la Bibliothèque Royale :
il faut, pour le premier point, faire le choix des
objets à acquérir, à l'aide d'un travail intelligent
et consciencieux, dirigé par une économie éclairée ; pour le second, classer, ordonner, réunir les
différentes pièces, ou les faire relier selon les cas ;
pour le troisième, avoir des emplacements con-
venables, afin de mettre à la disposition des travailleurs les objets qui sont demandés. Tout cela
se fait et ne peut se faire que par la coopération

et sous la surveillance des conservateurs, aidés des employés et des gardiens. Or, ces employés et ces gardiens existent depuis longtemps dans les quatre anciens services des livres, des manuscrits, des médailles, des estampes ; les chambres, d'après la proposition ministérielle, n'avaient à pourvoir, pour ceux-ci, qu'à la seule dépense d'acquisition, de catalogue et de reliure, et nullement à une dépense de personnel, tandis que pour la partie géographique il était indispensable de joindre au fonds d'acquisition un fonds quelconque pour constituer et compléter le personnel de ce nouveau service : c'est ce qui a été oublié en 1828 et 1858.

Quoi ! l'on alloue une somme pour procurer des cartes géographiques à la Bibliothèque Royale, sans doute pour l'avantage du public et pour que les savants, les voyageurs, tout le monde enfin puissent en avoir communication, et l'on ne prend pas en même temps les mesures nécessaires pour rendre ce résultat possible ! Quel était cependant, en fait, le travail imposé au conservateur, jaloux de remplir consciencieusement son devoir, mais aidé seulement d'un employé unique et plus tard d'un surnuméraire ? Pour lui, ici, tout, absolument, est à faire, et en quelque sorte à créer. Près de deux siècles d'efforts, de travaux et de soins vigilants, prodigués par des savants et d'habiles prédécesseurs, ne lui ont pas, comme à ses collègues, rendu sa tâche pour ainsi dire facile, comparativement.

Acquérir d'abord, c'est le premier point ; mais pour y procéder sagement et dignement, il faut dépouiller les catalogues français, allemands, anglais, italiens, espagnols, russes, anglo-américains, etc. ; puis, compulser les livres et les traités plus ou moins récents de géographie. Il faut ouvrir une correspondance étendue, il faut extraire les publications périodiques relatives à la matière, chez toutes les nations, dans toutes les langues européennes. Il faut apprécier surtout les diverses productions de la géographie ; puis en proposer l'acquisition. Je passe d'autres travaux de détail, aussi indispensables qu'ils sont minutieux ; tous consomment un temps considérable, surtout l'enregistrement et le classement méthodique des pièces, et la tenue de toutes les écritures nécessaires (il serait trop long de les énumérer) ; puis viennent les travaux de conservation, soit la reliure, soit l'insertion, par ordre, dans les enveloppes correspondantes à chaque espèce de format ; puis la rédaction complète des bulletins des pièces, bulletins doublés par auteur et par pays (ou par matière), bulletins destinés à former un bon catalogue ; et tous ces travaux compliqués, indispensables autant qu'ils sont urgents, le conservateur doit les faire ou les diriger tous, sans aucun retard ; s'il veut éviter le désordre et l'encombrement ; et

il faut les faire sans lacune, sans arrière, s'il veut
rendre possible la communication au public, ce qui
est la troisième partie de sa tâche. Et pour le se-
conder en tout cela, on ne lui accorde qu'un employé, qui, malgré tout son zèle et son aptitude
remarquable, ne peut suffire seul à sa tâche!
Croira-t-on que le conservateur peut venir aisément
à bout d'une telle besogne en donnant seulement à son travail les trente heures par semaine
exigées de ses collègues? Non, sans doute, et malheureusement le travail additionnel qu'il fait et
doit faire, et qu'il est obligé d'effectuer au dehors
de l'établissement, n'est pas aussi fructueux qu'il
pourrait l'être avec un autre système [1].

Toute personne raisonnable demandera peut-
être comment la *communication* des cartes au
public a pu se faire simultanément avec tous
ces travaux de création, et s'il n'eût pas peut-être
été à propos de la suspendre, jusqu'à ce que la
collection fût formée et organisée, comme le sont
les quatre autres cabinets de la Bibliothèque Royale.
Le conservateur pouvait le proposer. Il ne l'a pas
fait. Il ne craint pas d'être blâmé à cette occasion ;
il avait à convaincre l'opinion de l'utilité actuelle
et immédiate du nouvel établissement ; aussi, du
jour que celui-ci a commencé d'être, il a été ouvert à tout le monde. Le conservateur a redoublé
d'efforts. Avec son unique mais habile collabora-

[1] C'est-à-dire si la division de géographie était séparée

teur, à force de zèle et de travail, et plus tard avec
le secours d'un surnuméraire également zélé, il
est venu à bout de faire marcher de front le service
public avec le service intérieur. Toute personne a
été admise à consulter chaque jour chaque partie
de la collection, croissant et grandissant d'année
en année; or, pour cette communication, le cabinet
géographique n'a pas, comme il devrait l'avoir
un gagiste spécial, comme il y en a depuis deux
jusqu'à sept dans les autres départements.

Chaque personne a pu encore, tous les jours,
demander au conservateur les renseignements
scientifiques propres à guider ses recherches. C'est
un devoir, au reste, que remplissent volontiers
tous les conservateurs de la Bibliothèque Royale;
les savants étrangers en ont fait l'expérience de
tout temps; seulement on ignore tout ce que cette
pratique absorbe de temps et cause de fatigue!

On peut juger maintenant si, au fonds alloué,
il ne fallait pas ajouter une somme quelconque
pour le personnel de la nouvelle institution, et,
pour tout le moins, le traitement d'un employé
et le traitement d'un gagiste; la parcimonie obser-
vée à son égard est inexplicable; elle se comprend
d'autant moins que personne ne conteste plus
l'utilité de cette collection, et que tout le monde
devait désirer pour elle cette richesse qui fait la
gloire de la Bibliothèque Royale dans toutes ses
autres branches, et l'honneur de ce musée envié

pour sa grandeur par tous les dépôts littéraires de
l'Europe, mais qui n'est parvenu à ce degré de
prospérité qu'après deux siècles de soins et de pei-
nes, et aussi de sacrifices immenses !

§ V. État et progrès de la science. — Avenir de l'institution. — Insuffisance du local actuel, indigne d'un établissement tel que la Bibliothèque Royale.

Il n'est pas à craindre toutefois qu'avec un commencement de succès, appréciée comme elle com-
mence à l'être, la création nouvelle soit menacée
de suppression : pourquoi donc songer à la restreindre, au moment même où elle appelle un
grand développement ? Les sciences géographiques n'ont-elles pas reçu, depuis une quaran-
taine d'années, une grande impulsion ? Elles
font en effet, comme les découvertes elles-mêmes,
des pas de géant. Presque toutes les grandes parties de la terre ont été mesurées ou traversées,
les mers sillonnées, les côtes reconnues. Depuis
ces grands travaux des navigateurs, des voyageurs
et des ingénieurs de l'Europe savante ; depuis que
les méthodes exactes se sont répandues partout ;
qu'il y a des observatoires jusque dans l'Océanie ;
que l'on porte le chronomètre et tous les instruments d'observation de physique et d'astronomie,
du Spitzberg aux terres australes et d'un pôle
jusqu'à l'autre ; depuis que tous les gouvernements
éclairés font faire des opérations géométriques et

des levés topographiques à l'exemple de ce qu'a
fait la France la première il y a un siècle (travail
qu'elle recommence glorieusement aujourd'hui),
qui peut mesurer l'importance qu'aura un jour
un dépôt central et complet des productions géographiques? Est-ce le moment aujourd'hui de refuser à cette institution le secours qu'elle réclame,
et d'abord, le *personnel*, *l'emplacement*, le *mobilier* qui lui sont nécessaires? Le personnel! On
vient de le voir, le conservateur n'a pour le se-
conder que deux auxiliaires; ceux-ci sont loin
d'être encouragés; l'un n'a pas le traitement de
son grade; l'autre, au service de l'État depuis plus
de trente ans, n'a que 1,200 francs de traitement.
Le service public et le travail d'ordre les absorbent
la plus grande partie du temps, ainsi que le conservateur, et plusieurs opérations restent parfois
un peu arriérées. Il faudrait au moins un employé
de plus pour disposer la reliure, pour dépouiller
les catalogues étrangers, pour transcrire le catalogue du cabinet, pour en préparer l'impression;
l'on doit considérer aussi que le détail des inscriptions est des plus minutieux [1].

D'un autre côté, aucune des parties de la Biblio-

(1) Chaque *bulletin* renferme, indépendamment du nom du
lieu représenté ou de l'indication du sujet, le nom de l'auteur,
le titre de la pièce *in extenso*, le format, le nombre des feuilles,
le nom du lieu, l'année de la publication, le nº de la pièce
dans les registres, etc. Voir l'Appendice (F).

thèque Royale ne tend à s'accroître comme la collection géographique ; d'abord elle est de création toute récente, et pour ainsi dire d'hier, comparativement aux autres ; celles-ci sont en possession de toutes les choses les plus précieuses ; le temps et les ressources de l'État ont permis de recueillir, partout, ce qu'il y a d'unique, ou de plus rare, ou de plus beau en livres, en incunables, en manuscrits, en miniatures, en estampes, en médailles, en antiquités de tout genre. En second lieu, les productions géographiques prennent chaque jour en Europe un développement incalculable ; dans le même temps qui jadis produisait cent cartes, on en publie maintenant mille. D'autre part, les nouvelles publications ont atteint le plus grand format, quand autrefois c'était tout l'opposé. Pour contenir ces ouvrages et *pour s'en servir, il faut de la place et beaucoup de place.* Personne ne dira sans doute qu'on peut se dispenser de faire venir les cartes étrangères ; mais quand on avancerait cette opinion absurde, où est le moyen de refuser le *dépôt légal* de France? Depuis sept à huit années seulement, il a produit environ quatre mille pièces de géographie. Or, il faut d'autant plus d'emplacement pour réunir et classer ce qui arrive par le *dépôt légal,* que maintenant il nous apporte des cartes en relief, qui prennent un développement graduel et tous les jours plus grand[1]. Cette nouvelle

(1) Voy. l'Appendice (B).

branche du dépôt légal procure donc maintenant des objets matériels très volumineux ; n'est-on pas tenu de les placer et même de les mettre sous les regards et à la disposition du public ?

En un mot, les sciences géographiques marchent à grands pas ; ce n'est donc pas assez que de loger convenablement la collection telle qu'elle est ; il faut pourvoir à l'avenir ; cet avenir est facile à prévoir, le dépôt géographique doit s'étendre et s'enrichir de plus en plus par les donations comme par les acquisitions ; il doit devenir un jour précieux pour les études historiques et scientifiques, utile et indispensable même pour les relations commerciales. Est-ce dans une pareille prévision qu'on pourrait songer à le restreindre ? Enfin, le crédit ouvert par les chambres amène des acquisitions journalières ; il faut à celles-ci de l'espace, il en faut au public travailleur : il faut enfin que cette cinquième collection arrive, dans la mesure du possible, à l'importance, à l'utilité des quatre autres.

En déplaçant une partie de la collection géographique, il y a quelques années, on a fait un essai qui n'a pas réussi ; l'expérience n'a pas tardé à démontrer que c'était une fausse mesure ; le public se trouvant plus éloigné de la collection, le service est devenu plus fatigant, plus difficile ; en réduisant l'espace, on s'est exposé à la confusion. L'état des choses est devenu à la longue presque intolérable, faute d'un espace suffisant, faute de tables, toute de jour, l'hiver surtout. Il faut congédier le public quand il vient plus de quatre ou six personnes : la circulation est presque impossible ; les jours publics, les inconvénients sont encore plus sensibles. On n'avait pas prévu apparemment l'accroissement du dépôt géographique lorsqu'on en a opéré la translation partielle à l'entre-sol.

Mais tout est changé par le fait de l'allocation des chambres en faveur du service des cartes géographiques ; trente à quarante mille pièces nouvelles sont entrées[1] ; il faut les classer et les rendre toutes disponibles pour le public.

Le moyen est facile : c'est de rétablir au plus tôt la salle d'étude au rez-de-chaussée, et cela à peu de frais, là où sont à proximité les casiers, les armoires, les tables nécessaires, enfin tout ce qui est utile au service intérieur, au service public ; alors cesseront non-seulement la gêne qu'ils éprouvent, mais encore le danger qui résulte de l'accumulation des objets dans un local étroit, obscur, insuffisant, inconvenant. Par là les visiteurs étrangers et les nationaux n'auront plus sous les yeux un aspect véritablement indigne de notre grand musée littéraire. Déjà les parties les plus volumineuses de la collection géographique, celles qui exigent un plus grand développement, le plus grand espace, y sont déposées, attenant à un local

____

[1] Aujourd'hui 60,000.

ou seraient les travailleurs ; d'autres parties ont remplacé et remplacent successivement dans les casiers les exemplaires sortis de la Description de l'Égypte. Tous ces objets restent presque sans utilité pour le public, et il en est de même de tout le dépôt du Voyage d'Égypte, cartes, originaux et autres pièces de cette collection [1]. Cet arrangement ne coûterait presque aucune dépense notable ; le public jouirait enfin des grandes cartes géologiques et géognostiques, des cartes de géographie physique, des cartes murales allemandes et françaises pour l'instruction de la jeunesse, des cartes (sur vélin) du moyen âge, qu'on ne saurait plier dans des livres, des grandes cartes coloriées et peintes qu'on ne peut mettre en volume, des anciens instruments d'observation arabes et européens, des globes et des tables cosmographiques, enfin de tout ce qui fait la richesse de ce nouvel établissement et qui ne saurait trouver sa place que dans un dépôt public.

§ VI. Retour à l'ordonnance de création. — Conditions indispensables pour le service public.

Nous avons déjà parlé de la différence profonde

(1) Le lecteur excusera ces détails un peu minutieux sur les localités, s'il veut bien considérer que la question de l'espace est une condition d'existence et d'avenir pour la collection géographique.

qui sépare scientifiquement la division des estampes de celle des cartes géographiques [1]. Ce fut une idée malheureuse que de vouloir les joindre par une fusion impossible, fusion qui, si elle s'étoit opérée, aurait amené confusion et désordre. Malgré la jonction nominale des deux branches dans un même département, il n'y a jamais eu en réalité, depuis onze ans, et il ne pouvait y avoir de réunion entre elles; nous en avons dit les raisons. Aussi les ordonnances qui ont réduit le nombre des départements à quatre, en opposition aux deux ordonnances qui consacraient un département spécial aux cartes géographiques, ont-elles toujours conservé à celui-ci une existence à part sous le titre de *section géographique* ou des cartes et plans; elle a aussi son règlement particulier et des règles différentes de celles des estampes. Cette distinction a existé de tout temps, et elle a été reconnue dans toutes les ordonnances, dans tous les règlements, conformément à la nature des choses; aussi parait-il que c'est dans une vue économique seulement qu'on avait joint le département des cartes à celui des estampes; mais le principe de la division n'a pas été contesté, et même, dans leurs réclamations, les conservateurs de la Bibliothèque Royale admettaient unanimement le département des cartes géographiques. « Nous reconnaissons (dit la

[1] Voyez page 25 ci-dessus.

seconde lettre du conservatoire) que cette mesure, déjà établie par l'ordonnance de 1828, ne présente d'autre difficulté qu'un surcroît de dépense : appelée d'ailleurs par le progrès des sciences géographiques, elle peut se justifier par LA NATURE ESSENTIELLEMENT DISTINCTE DE L'ÉTUDE DES CARTES ET DE CELLE DES ESTAMPES. »

Il n'y a rien à ajouter à ces paroles, sinon que l'accroissement qui pourrait avoir lieu dans les dépenses serait minime et sans aucune espèce de proportion avec l'utilité et les avantages de l'établissement. Il n'est donc plus possible de révoquer en doute le principe de la séparation, fondé sur la différence des genres et sur ce qu'il y a danger, comme déraison, à mêler des choses dissemblables : mais il y a encore d'autres motifs graves militant pour la séparation ; ils sont tirés de l'intérêt du service : 1° le règlement de la Bibliothèque Royale autorise (art. 95, 96) à calquer les cartes géographiques ; il l'interdit rigoureusement, formellement pour les estampes. La faculté de prendre un calque des gravures a été refusée de tout temps, mêmes aux recommandations les plus puissantes ; c'est un motif pour éloigner l'une de l'autre les deux collections ; il n'est pas bon qu'une partie du public ait un prétexte pour se plaindre et réclamer. Les salles des estampes et celles des cartes doivent être, par ce motif, absolument isolées les unes des autres.

2° La branche des cartes géographiques étant

encore toute récente, il y a une partie considérable du travail d'ordre qui rend impossible le service public pendant les cinq heures de la séance. On ne pourrait faire ce travail complétement qu'en venant avant dix heures et restant après trois heures; le dévouement, le zèle des employés, comme du conservateur, garantissent de leur part ce sacrifice de leur temps [1] : il en était ainsi avant la translation. Or, la police du département des estampes, comme celle des autres, exigent la clôture absolue des salles à trois heures précises; il faut donc une entrée indépendante pour la section géographique.

5° Le fonds annuel de 12,000 francs alloué aux estampes pour les acquisitions n'est que suffisant pour cette branche importante; mais en vertu de la réunion des deux départements, et pendant quelque temps, une somme de 2,000 ou 2,500 fr. a été empruntée à ce fonds pour acheter des cartes: le département des estampes en a été grevé sans que la collection géographique se soit accrue utilement, et il a fallu enfin faire un fonds *spécial extraordinaire*. Les chambres l'ont accordé; elles l'ont affecté spécialement à la division des cartes, et ont reconnu par là, non-seulement l'utilité particulière de cette branche, mais une distinction

(1) Aucun besoin extraordinaire, comparable au moins pour l'urgence, ne semble exiger ce travail supplémentaire après trois heures dans les autres départements.

entre elle et les autres parties de la Bibliothèque.
Enfin, dès l'origine jusqu'à ce jour, la tenue des
écritures sur les cartes géographiques, l'enregistrement des pièces, la comptabilité des acquisitions
et des autres dépenses, ont toujours été sous la
surveillance spéciale du conservateur du département (ou de la section) des cartes. Ainsi, raisons
tirées de la nature des choses, raisons tirées des
articles du règlement, raisons tirées de l'urgence
du service quotidien, raisons tirées de la comptabilité, tout vient corroborer le principe de la
séparation. Au reste, celle-ci est en fait, et la jonction n'est que fictive et nominale. Il faut à la collection géographique un local à part, aussi vaste au
moins que celui qui avait été affecté par le ministère
de l'intérieur en 1828, ou que celui qui fut désigné
par le conservatoire en 1829 dans les constructions
neuves sur la rue Vivienne[1]; et cela à l'époque où il
n'y avait aucun fonds d'acquisition, mais dans une
juste prévision de l'avenir. La galerie projetée alors
a été exécutée depuis, sauf les deux ailes; mais, faute
d'être couverte, elle est restée depuis dix ans sans
utilité. La surface du local de la partie géographique,
mesurée horizontalement, était, dans ce plan, de
900 mètres carrés sur 6 mètres de hauteur, outre
les pièces accessoires; elle était destinée, en cas de
démolition, à remplacer la galerie actuelle déjà

[1] Voyez l'Appendice (B).

occupée à cette époque par une partie de la collection; les objets actuellement réunis forment une superficie qui dépasse la moitié de cette surface: le dépôt légal à lui seul en prendrait presque un quart. La collection sera un jour décuple; pour s'en convaincre, il suffit de consulter les catalogues de cartes existants et le produit des dix dernières années. Quelque parti que l'on prenne, il est maintenant bien établi qu'il faut un local spacieux, élevé, commode, éclairé, même aussi bien que doit l'être celui des estampes, à cause de la difficulté de lire les noms géographiques, surtout sur les cartes allemandes où, en général, l'écriture est d'une extrême finesse.

Maintenant opposera-t-on encore à tout ce qui précède cette objection vulgaire, savoir que les cartes géographiques proviennent, comme les estampes, de l'impression, du tirage d'une feuille de métal ou d'une planche gravée sur pierre ou sur bois; qu'on imprime les unes à peu près comme les autres; ou bien encore que souvent les marchands vendent en même temps des cartes et des gravures? Nous en avons dit assez sur cette bizarre comparaison; associer ensemble pour ce frivole motif les œuvres d'un peintre ou d'un statuaire, en un mot les beaux-arts dans leurs ouvrages, aux travaux graphiques des géographes qui consistent uniquement dans le résultat des opérations géométriques, c'est un renversement d'idées.

Les cartes sont-elles autre chose que la projection de la superficie du sol sur un plan, à l'aide d'observations purement mathématiques, ou de relevés topographiques, ou de calculs géodésiques, ou enfin d'observations astronomiques? C'est uniquement, je le répète, une application de la géométrie descriptive. Le problème que résout celui qui construit une carte exacte consiste à rapporter un point à trois coordonnées rectangulaires; que peut-il donc y avoir de commun, encore une fois, entre les choses et les personnes, les moyens et les résultats? Si tout ce qui passe sous la presse devait être réuni, qu'on joigne donc aux estampes, comme on l'a dit, les toiles imprimées et tous les produits semblables, multipliés par une reproduction mécanique[1]. Ajoutons seulement une réflexion : si l'impression n'eût pas été inventée, aurait-il fallu mettre ensemble les cartes géographiques, les tableaux et les dessins? Non, sans doute; l'idée n'en serait venue à personne.

Mais laissons pour n'y plus revenir cette puérile assimilation, et disons seulement que les estampes demandent à être reliées en volumes posés sur des rayons; que les cartes, au contraire, le plus grand nombre du moins, demandent à être conservées en feuilles, à plat, sur des tablettes mobiles et d'une grande dimension.

(1) Voyez ci-dessus, p. 25 et suiv.

Quelque parti que l'on prenne, il faudra toujours pour cette collection un local particulier et des moyens distincts, à cause du nombre et de la variété des productions de la géographie arrivant de toutes parts, grâce au développement des relations de l'Europe avec le monde entier, à l'extension des découvertes et au nombre continuellement croissant, chez toutes les nations, des voyageurs et des hommes instruits en géographie.

On ne pourrait demander à l'administration supérieure des changements importants dans les localités sans mettre en même temps sous ses yeux toutes ces considérations : celles-ci sont de nature, je pense, à fixer son attention très fortement ; on doit lui faire connaître la composition actuelle de la collection géographique, ainsi que ses besoins présents et futurs ; on doit lui apprendre que les cartes, pour la plus grande partie, ne peuvent se ranger comme des volumes de texte ou de gravures, qui sont généralement de médiocre format ; que si on le faisait, elles seraient perdues ou gâtées, et qu'elles ne seraient presque d'aucun usage ; qu'enfin c'est précisément pour que les cartes originales et les meilleures cartes connues soient livrées à l'étude *in extenso*, de façon à être facilement, commodément, utilement consultées, qu'a été créé le département des cartes géographiques ?

N'est-ce pas, en effet, pour le dire en passant, au défaut d'usage des cartes qu'il faut attribuer cette ignorance proverbiale en géographie, autrefois si souvent reprochée à la France, avec plus ou moins de raison, par les Allemands et les Anglais? L'ouverture d'un dépôt géographique universel, dans la pensée du fondateur du nouvel établissement, devait nous venger de cette accusation injuste au moins sous plus d'un rapport, puisque nous pouvons opposer à nos rivaux les grands noms de N. Sanson, de G. Delisle, de d'Anville, de Ph. Buache et de bien d'autres.

§ VII. Conclusion et résumé.

Il serait temps de prendre un parti et de ne pas laisser plus longtemps sans fruit les dépenses de l'État. Il semble d'abord qu'en attendant le jour où l'on pourra doter, organiser, constituer le département des cartes géographiques, il y a lieu de chercher à lui créer provisoirement une existence tolérable: quatorze et même dix-huit ans d'attente sont un temps assez et trop long enlevé aux études. Ce temps, il est vrai, n'a pas été tout à fait perdu, puisque la collection s'est notablement enrichie; mais est-ce bien là la seule fin que se proposait le gouvernement, si le public, si ceux qui paient le budget en ont si peu profité? Pour le conservateur, personnellement, il eût mieux valu ne pas multiplier tant d'efforts, de travaux et de voyages, si un tel état de choses doit se prolonger encore. Il ne pourra être dédommagé de ses sacrifices qu'en mettant le public *en pleine possession* de ces richesses : son âge lui permettra-t-il de le voir? Cela est douteux.

Toutefois, plusieurs moyens d'exécution se présentent dès à présent, si on le veut, du moins pour une solution provisoire, pour un arrangement tolérable quant aux localités. Le premier, le plus simple de tous, qui coûterait bien peu (car il s'agit d'une porte et d'une fenêtre à ouvrir), consiste à placer les travailleurs dans une salle carrée qui est à l'extrémité de la galerie inférieure, et de placer dans celle-ci toute la collection géographique; cet arrangement laisserait à l'entresol, pour les travailleurs, une douzaine de places, à la vérité peu spacieuses; mais ce serait déjà un commencement d'amélioration pour les *estampes*, en attendant plus.

Le second moyen consisterait à faire planchéier et à couvrir la galerie neuve exécutée sur la rue Vivienne et destinée, comme on l'a vu, à la collection en 1829; la dépense, dans aucun cas, ne serait perdue, car elle servirait certainement pendant dix années, à partir de ce jour, si la Bibliothèque était transférée; et, si celle-ci était maintenue et achevée là où elle existe, la dépense serait faite une fois pour toutes.

Un autre parti consistait à disposer, pour les estampes, *la traverse* au premier étage, qui a une surface à peu près suffisante, avec beaucoup d'élévation; des devis avaient été dressés en 1840; on

ignore ce qui a fait suspendre la décision. Il ne
serait pas très difficile de trouver encore d'autres
arrangements pour améliorer soit le service de la
division des estampes, soit celui de la division géographique ; mais la première combinaison, la plus
simple, la plus économique pourvoit au présent et
sans frais considérables.

Résumons tout cet exposé : nous avons vu, par
l'étendue et la variété des différentes branches
dont doit se composer une collection géographique, digne de la première bibliothèque du monde,
quelles étaient les conditions indispensables pour
la constituer au moins provisoirement, et pour en
faire jouir le public ; nous avons vu dans quel esprit avait été créée cette branche nouvelle de la Bibliothèque Royale, établie comme un dépôt géographique central de la géographie et des voyages,
ensuite ce qui a été fait depuis l'origine pour at-
teindre ce but, enfin les mesures fausses et les pas
faits en arrière. On sait que penser à présent de
la réunion de deux services aussi incohérents,
aussi incompatibles entre eux que celui des estampes et celui des cartes géographiques, qui diffèrent
en effet du tout au tout par l'objet comme par les
moyens ; qui, enfin, au lieu de s'aider, ne peuvent
que se nuire mutuellement, circonstance qui les
rend véritablement inconciliables ; nous avons vu
qu'il était résulté de ce projet de jonction un défaut
de ressources suffisantes pour chacun des dépar-

lements transformées en sections ; cependant que,
par suite d'une expérience fâcheuse, les chambres
avaient dû affecter un fonds extraordinaire, séparé
et *spécial pour la division des cartes géographiques*,
laquelle montrait ses progrès déjà sensibles, malgré toutes les entraves ; mais, la comparant aux
quatre autres branches de la Bibliothèque Royale,
nous avons fait voir combien il était convenable, ou
plutôt nécessaire, de la développer au lieu de la
restreindre, de lui procurer ou conserver le local
suffisant, et de lui accorder les secours dont elle a
besoin pour devenir utile aux études de toutes
sortes ; enfin, nous avons dit qu'après tant d'années
écoulées, il était temps de prendre un parti décisif,
c'est-à-dire de l'établir sur le pied de sa création.

Le progrès des sciences, le développement qu'a
pris la géographie, le nombre immense des voyages
de découvertes exécutés depuis la mémorable expédition d'Égypte, celui des nouvelles publications
en cartes et toutes sortes de productions géographiques, ne permettent plus de se renfermer dans les
bornes de l'ancienne routine. Par ce qu'il est déjà
devenu au milieu de nombreuses difficultés, le nouvel établissement fait prévoir ce qu'il sera un jour,
mais à la condition d'être appuyé, secondé, déve-
loppé, et non pas attaqué, diminué, restreint dans
ses ressources, dans son existence. Plus de quarante
mille cartes [1] y sont entrées, plus ou moins im-

[1] Aujourd'hui 60,000, comme on l'a dit plus haut.

portantes pour les études physiques, historiques,
administratives[1]. Il s'est enrichi de tout ou partie
des collections des Gossellin, des Klaproth, des Rémusat, des Barbié du Bocage, etc., d'une partie
des cartes originales autographes des G. Delisle,
des d'Anville, des Ph. Buache, des cartes provenant
d'une foule de cabinets étrangers et nationaux[2], de
monuments curieux, précieux même pour l'histoire
de la science; mais combien d'autres ont été perdus
pour la collection royale, pendant ces dix-huit années, faute de protection suffisante, faute de voies
et moyens, faute d'un nombre suffisant d'employés
spéciaux! Il serait affligeant de les rappeler. Aujourd'hui l'expérience a parlé, l'opinion s'est pro-
noncée, les chambres ont exprimé leur intention
bienveillante; la Société de géographie, qui, dès
l'origine, s'était expliquée sur les avantages d'un
dépôt géographique central et universel, a rendu
compte, d'année en année, des progrès de l'institution, comme éminemment utile pour le public
et pour l'avancement des découvertes[3].

Si celle-ci n'a pas porté tous ses fruits, il ne faut
au reste en accuser que les circonstances, mais non

(1) Si l'on pouvait, il y a quinze ans, hésiter à le consolider, à
l'étendre, cela n'est plus possible aujourd'hui. (*Voy.* appendices
(C), (E), (I.)

(2) Voir l'appendice (D).

(3) Voir les huit rapports annuels du secrétaire général
Bulletin de la Société, années 1839 à 1846.

l'administration bienveillante de la Bibliothèque Royale à qui il n'étoit pas donné de pouvoir créer des ressources pécuniaires. Bien loin de lui adresser des reproches, le conservateur du cabinet géographique ne peut que lui témoigner sa gratitude pour ce qu'elle a fait dans la limite de son autorité, pour l'accueil qu'elle a accordé dans ces dernières années à ses propositions d'acquisitions. Mais à quoi serviraient les cartes et les collections qui ont été réunies, s'il devait toujours manquer de place pour les classer et les ordonner; surtout si elles n'étaient pas mises sous les yeux des travailleurs, s'il n'y avait pas assez d'employés pour le service intérieur et pour le service public?

Par toutes les raisons qui précèdent, le conservateur se croit suffisamment autorisé à demander: 1° que le service des cartes géographiques soit établi dans un local digne, convenable et suffisant, et qu'il soit séparé de celui des estampes; 2° qu'en attendant une organisation plus complète, on ajoute au personnel un employé, ou au moins un surnuméraire et un pagiste; 3° qu'une dotation suffisante soit affectée au service de cette collection; 4° que pour la transcription du catalogue des cartes, on accorde un fonds spécial en sus des fonds affectés aux acquisitions.

JOMARD,

Membre de l'Institut de France, conservateur
de la collection géographique de la Bibliothèque
Royale et du dépôt du Louvre, etc.

APPENDICE.

PIÈCES, NOTES ET DOCUMENTS

(A.)

ORDONNANCES ROYALES ET PIÈCES RELATIVES.

Ordonnance du roi du 30 mars 1828 ; extrait.

Sur le rapport de notre ministre secrétaire d'État au département de l'intérieur,

Nous avons ordonné et ordonnons ce qui suit :

Le sieur Jomard, membre de l'Académie royale des inscriptions et belles-lettres, est nommé, à la Bibliothèque du Roi, conservateur du dépôt de géographie. Il aura sous sa garde les plans et cartes, documents statistiques, objets et instruments divers produits par les voyages scientifiques, et notamment les planches et dessins, manuscrits et imprimés de l'expédition d'Égypte.

PAR LE ROI :

Le ministre secrétaire d'État au département de l'intérieur.

MARTIGNAC.

DÉPÔT DE GÉOGRAPHIE

CRÉÉ À LA BIBLIOTHÈQUE DU ROI.

Sur la proposition d'un ministre qui a déjà donné plus d'un gage de son amour pour les lettres et les sciences, Sa-Majesté vient de consacrer à la *géographie*, par une ordonnance du 30 mars 1828, un département spécial qui prendra place à la Bibliothèque du Roi à côté des départements des *livres*, des *manuscrits*, des *antiques* et des *estampes*. Le public français appelait par ses vœux une création aussi éminemment utile et conforme aux besoins de notre époque. Peu de mots suffiront pour en faire sentir les avantages à ceux qui n'auraient pas aperçu tous les résultats qu'elle promet. Aujourd'hui le progrès des lumières et de la civilisation dépend autant de l'avancement de la géographie que celui-ci dépend lui-même du progrès des connaissances. En acquérant chaque jour une nouvelle importance aux yeux des nations civilisées, la géographie a pris un tel accroissement qu'elle s'est partagée en plusieurs branches qui forment pour ainsi dire autant de sciences à part. En effet, la géographie physique, la géographie comparée, la géographie civile et politique et la statistique, la géographie mathématique et astronomique, la géodésie, la géographie nautique et l'hydrographie, la géographie critique et l'histoire des découvertes, pourraient occuper chacune un homme tout entier. C'est pourquoi l'enseignement des sciences géographiques a été, en Allemagne surtout, l'objet de la plus sérieuse attention. Pendant que les peuples maritimes ont encouragé à l'envi les expéditions de découvertes, plusieurs nations continentales ont approfondi de leur côté, avec une ardeur extraordinaire, l'étude et la connaissance du globe ; et elles ont aussi, comme les premières, député de courageux missionnaires de la science dans les contrées les plus reculées. Ainsi nous avons vu et nous voyons encore la Prusse, l'Autriche, la Bavière, etc., tenter des découvertes sur terre ou sur mer, pendant que l'Angleterre, la France, la Russie, l'Amérique du Nord couvrent, pour ainsi dire, le monde entier de leurs vaisseaux explorateurs. La Suisse elle-même a fourni son contingent de voyageurs, et l'on ne voit plus guère dans l'inaction que la Hollande, l'Espagne et le Portugal, se reposant sur leur gloire passée. Quelle activité en Allemagne pour la publication des travaux des voyageurs et des conquêtes de la science ! Elle se glorifie d'un Ritter et d'autres géographes illustres, qui déjà commencent à s'emparer du sceptre de la géographie, sceptre si longtemps tenu par la France, lorsque le génie de d'Anville planait sur l'Europe entière.

Deux causes nuisent en France aux progrès de la géographie : d'abord elle est enseignée d'une manière imparfaite ; les méthodes sont défectueuses, et quelquefois on enseigne sans aucune méthode. Les ouvrages et les traités français sont la plupart arides, incomplets et fort loin d'être à la hauteur des connaissances actuelles, des découvertes progressives [1]. On ne traduit pas les bons livres étrangers dans la crainte, malheureusement trop fondée, de ne pas couvrir les avances de la publication [2]. Les cartes élémentaires pour la jeunesse sont trop souvent mal faites, et elles ne renferment pas les résultats des excursions récentes ; les bonnes cartes sont en petit nombre et trop chères. C'est surtout le manque de cartes qui est dans nos écoles le vice capital, et le temps ne paraît pas y apporter de remède ; les années s'écoulent, les découvertes s'accumulent, et l'on

(1) Depuis quelque temps toutefois, il paraît en ce genre des écrits plus solides, où l'on découvre des vues de quelque étendue. Il n'est pas question ici des travaux scientifiques des Gosselin, des Walckenaer, etc.

(2) Comment, après dix années, les ouvrages de Ritter n'ont-ils pas été entièrement traduits en français ?

ne voit toujours dans les mains des élèves que des atlas in-
suffisants, quand ils ne sont pas déparés par des erreurs
choquantes.

Une autre cause de l'imperfection de la science est qu'on
ne trouve pas en France un *dépôt général des productions
géographiques*. S'il existait complet, ce dépôt remédierait
en partie aux inconvénients qui viennent d'être signalés.
Qu'on se figure un établissement spécial, réunissant un
exemplaire ou une copie de toutes les *cartes gravées et
manuscrites* qui appartiennent à l'État; recevant chaque
jour les nouvelles productions à mesure qu'elles paraissent;
ouvert à la jeunesse studieuse, au navigateur du commerce
qui prépare une expédition lointaine; au voyageur qui veut
s'enfoncer dans les terres mal connues; au savant qui veut
comparer les travaux de tous les âges, et en faire jaillir des
vérités utiles pour l'histoire; aux hommes qui ont besoin
d'étudier la force des États, leur puissance et leurs limites;
au naturaliste qui veut étudier ces branches nouvelles de la
science: la géographie des végétaux, celle des roches, celle
des animaux fixés au sol natal; au physicien, qui ne peut
assigner les lois des phénomènes dont notre globe est le
théâtre, sans en avoir la projection exacte et complète, sans
connaître tous les travaux nautiques, la direction et la force
des courants, les observations de physique dont les navigateurs enrichissent quelquefois et devraient enrichir toujours
leurs publications; à l'historien qui n'a pas moins besoin de
la connaissance parfaite des lieux que de celle des temps,
pour se guider dans le labyrinthe des annales des anciens
peuples; à l'astronome enfin, qui s'occupe de fixer la position des lieux sur la terre à l'aide de l'observation du ciel;
qu'on se représente, disons-nous, un tel dépôt de connaissances géographiques, sans cesse complété par les ouvrages
les plus récents, et l'on sera aisément convaincu de l'immense service qu'il rendrait à la science comme un centre

d'étude, comme un ensemble de recherches, de travaux et de résultats exacts ; comme une source abondante d'instruction, nécessaire et ouverte dans tous les instants.

Sans la collection des nouveaux voyages, des statistiques générales et spéciales, et des descriptions géographiques, cet établissement n'aurait qu'une partie de son utilité : il faudrait donc qu'on y trouvât la collection de tous les travaux en ce genre qui sont l'ouvrage des savants, des voyageurs et des géographes, ou du moins tout ce qui est connu jusqu'à présent en France.

Aujourd'hui que l'homme a beaucoup avancé le plan de la terre qu'il habite, il a encore une grande lacune à remplir : à mesure qu'il y parviendra, de nouvelles recherches, d'une nature essentiellement géographique, viendront enrichir le dépôt qu'il s'agit de former, nous voulons parler du nivellement du globe. La distance verticale des lieux à la surface de la mer est au moins aussi importante à connaître (si elle ne l'est davantage) que leur distance horizontale à l'équateur ou à un premier méridien : car elle fait connaître la position des sources, l'inclinaison des rivières et la pente générale des bassins des fleuves. Cette donnée manque aux calculs du physicien, de l'économiste, du législateur. Mille résultats importants y sont assujettis : l'irrigation, les communications, les routes, les canaux. Par conséquent l'agriculture, le commerce et l'industrie attendent une mesure exacte de la hauteur des lieux. On comprend partout aujourd'hui ce que ces travaux offrent d'utile, et sans doute ils se multiplieront. Il faut les provoquer, les rassembler et les conserver avec soin. Il est indubitable que la connaissance du relief du globe sera un jour à elle seule une nouvelle géographie qu'on pourra appeler l'*hypsométrie*, et qui sera l'instrument de bien des améliorations.

Enfin, réunir les dessins et les manuscrits originaux des voyages qui se font sous les auspices du ministère de l'intérieur, dispersés et trop souvent perdus après le retour des voyageurs ; rassembler en même temps les collections d'instruments, d'armes et de costumes propres à donner une idée des mœurs et des usages et du degré de civilisation des peuples, serait ajouter un nouveau degré d'intérêt à l'établissement.

Tel est l'ensemble des matériaux qu'un *Dépôt général de géographie* devrait réunir pour être porté au degré d'utilité que réclament l'état actuel de la science et le besoin de la société. Ce n'est pas assez qu'un d'Anville et tant d'habiles hommes aient porté presque partout le nom français, il faut encore que cet héritage de gloire ne soit pas abandonné à une sorte d'incurie qu'aujourd'hui l'étranger nous reproche, tout en s'emparant d'une supériorité que nous avons laissé échapper. La paix qui règne sur la plus grande partie du globe est un garant des succès que la France peut encore se promettre pendant une longue suite d'années dans cette carrière glorieuse. Utilité politique, intérêt des lettres, avantage du commerce, honneur national, que de motifs pour que la faveur publique environne le nouveau département scientifique qui vient d'être créé au sein du plus ancien et du plus bel établissement littéraire de toute l'Europe ! Noble et grande pensée qui secondera merveilleusement les généreux et infatigables efforts de la *Société de géographie*.

(*Moniteur* du 16 mai 1828.)

BIBLIOTHÈQUE DU ROI.

Paris, 5 avril 1828.

L'administrateur de la Bibliothèque du Roi.

Je m'empresse d'avoir l'honneur de vous informer que S. E. le ministre de l'intérieur vient de m'adresser une ordonnance du roi, en date du 30 mars dernier, par laquelle Sa Majesté a bien voulu vous nommer conservateur du dépôt de géographie à la Bibliothèque du Roi, dépôt qui comprendra les plans et cartes, documents statistiques, objets et instruments divers produits par les voyages scientifiques, et notamment les planches et dessins, manuscrits et imprimés de l'expédition d'Égypte (art. 2 de l'ordonnance). Je me félicite, Monsieur et cher Collègue, des nouveaux rapports que le titre qu'il a plu au roi de vous conférer doit établir entre nous, et j'ose compter d'avance sur votre concours assidu pour assurer les intérêts et la prospérité du vaste et important établissement littéraire auquel nous devons consacrer tout notre zèle et toute notre expérience.

Veuillez agréer, etc.

DACIER.

A M. Jomard, membre de l'Académie royale des inscriptions et belles-lettres.

MINISTÈRE DE L'INSTRUCTION PUBLIQUE.

Ordonnance du roi (extrait).

Sur le rapport de notre ministre secrétaire d'État au département de l'instruction publique, grand maître de l'Université,

Nous avons ordonné et ordonnons ce qui suit :

ARTICLE PREMIER

M. Jomard, membre de l'Académie des inscriptions et belles-lettres, conservateur à la Bibliothèque du Roi, est nommé chef du département des cartes géographiques, plans et collections ethnographiques.

Art. 2.

Notre ministre secrétaire d'État au département de l'instruction publique est chargé de l'exécution de la présente ordonnance.

PAR LE ROI :

Le ministre secrétaire d'État au département de l'instruction publique,

SALVANDY.

Paris, le 11 août 1839.

Monsieur le président honoraire, j'ai l'honneur de vous informer que, par une ordonnance en date de ce jour, le Roi vous a nommé chef du nouveau département des cartes géographiques, plans et collections ethnographiques de la Bibliothèque Royale.

Cette utile création vous est surtout due, Monsieur.

J'attends les propositions que vous m'avez annoncées pour lui donner les développements et l'importance dont elle est susceptible.

Vous aurez à vous occuper immédiatement de la constitution de ce département.

Recevez, monsieur le président honoraire, l'assurance de ma considération distinguée.

Le ministre de l'instruction publique, grand maître de l'Université,

SALVANDY.

À M. Jomard, président honoraire du Conservatoire de la Bibliothèque du Roi.

A Monsieur le ministre secrétaire d'État au département
de l'instruction publique.

MONSIEUR LE MINISTRE,

Vous avez bien voulu me demander, par votre lettre du
11 mars dernier, de m'occuper immédiatement des mesures
relatives à la *constitution du département des cartes géo-*
graphiques, plans et collections ethnographiques, création
d'où doivent dériver d'utiles résultats pour la science et
le public en général, et pour l'accroissement de la Bibliothèque Royale en particulier. Je dois m'empresser d'ac com-
plir le devoir qui m'est imposé.

La constitution de ce département exige quelques mesures
fondamentales, mais simples et faciles, ainsi que je m'en
suis convaincu par une étude ancienne et approfondie du
sujet. Je vais avoir l'honneur, Monsieur le ministre, de vous
les exposer.

Je commencerai par rappeler l'ordonnance royale du
30 mars 1828, pour montrer que cette vue essentielle d'utilité publique avait déjà frappé depuis longtemps, par ses
avantages, les meilleurs esprits et des hommes d'État éminents, avantages qui sont aujourd'hui reconnus par tout le
monde.

Ordonnance royale.

Le sieur Jomard, membre de l'Académie royale des inscriptions et belles-lettres, est nommé, à la Bibliothèque
du Roi, conservateur du dépôt de géographie. Il aura
sous sa garde les plans et cartes, objets et instruments divers produits par les voyages scientifiques, et notamment
les planches et dessins, manuscrits et imprimés de l'expédition d'Égypte.

Ainsi, Monsieur le ministre, à la collection des cartes géographiques, et pour compléter l'instruction qu'on retire de leur étude, est annexe le dépôt des voyages scientifiques ordonnés ou encouragés par le gouvernement (sauf les pièces d'histoire naturelle qui sont destinées pour le Muséum), et le dépôt du Voyage d'Égypte doit être le noyau de ce dépôt des voyages.

Les moyens d'exécution se bornent quant à présent à trois choses principales.

La première est la mise en état du local où seront admis le public et les travailleurs ; la deuxième est le complément du personnel des employés ; la troisième est la concession d'un *fonds annuel* destiné à pourvoir aux acquisitions courantes.

§ Ier. Dès le principe de la création du département des cartes géographiques, c'est-à-dire en mars 1828, un local convenable et provisoire lui a été affecté à la Bibliothèque Royale, dans des salles alors dépendantes des bâtiments du trésor ; c'est le rez-de-chaussée qui est inférieur à la galerie Mazarine des manuscrits, avec les salles avoisinantes au nord et au midi. Ce local pouvait suffire jusqu'au jour où seraient élevées les galeries nouvelles projetées sur la rue Vivienne ; mais il devait, dès lors, être approprié à sa destination. Les travaux de construction de ces galeries ont commencé peu de temps après, mais en 1834 la suspension des travaux a tout arrêté : malheureusement elle s'est perpétuée jusqu'à présent d'une manière qui semble indéfinie, et elle a empêché de faire aussi les travaux d'appropriation dans le local actuel.

Aujourd'hui rien n'est plus facile que de les effectuer : un devis a été dressé ; la dépense en est modique, comparée surtout à l'utilité qui doit en résulter pour l'étude. Le public aurait une entrée convenable au pied de l'escalier de la salle de lecture des livres imprimés ; il s'agit d'une porte à ouvrir, de quelques fenêtres à agrandir, et du planchéiage de plusieurs parties du sol.

Cette dépense, limitée à 4,000 francs, ne grèverait pas le budget de la Bibliothèque Royale : elle doit être supportée par le ministère de l'Intérieur et prise sur les fonds de la direction des travaux publics, selon les règles établies.

Il y a une sorte d'urgence de mettre enfin le public en possession, en jouissance complète des collections que le zèle du conservateur et les faibles moyens mis à sa disposition lui ont permis de réunir jusqu'à présent ; mais, au grand dommage de la science, rien n'a été fait jusqu'ici pour réaliser la nouvelle création. Presque tous les résultats seront acquis en exécutant quelques dispositions intérieures. Quant à la séparation du département des collections géographiques d'avec celui des estampes, ce qui est prescrit par l'ordonnance, elle n'est pas moins facile à effectuer par quelques arrangements très simples.

§ II. En second lieu, il y a nécessité presque aussi urgente de constituer tout de suite le personnel du département, qui ne compte en ce moment qu'un deuxième employé et un auxiliaire ; il est besoin d'un conservateur adjoint et d'un employé de plus. Cette nécessité résulte : 1° de l'ensemble des opérations nécessaires pour l'organisation du service ; 2° des travaux spéciaux qu'exige l'emploi du fonds extraordinaire voté par les chambres et destiné à combler l'arriéré de la collection ; 3° de la nécessité qu'il y a de ne pas apporter de perturbation dans le service courant quotidien. Au traitement de ces deux personnes il faut ajouter les gages d'un garçon de salle.

§ III. Le troisième besoin du département des cartes et collections géographiques consiste dans l'établissement d'un fonds annuel et ordinaire destiné aux acquisitions courantes. En effet, le fonds extraordinaire et temporaire voté par les

chambres est spécialement réservé pour combler un ancien
vide résultant de ce qu'en aucun temps il n'a été consacré de
fonds à la géographie.

Depuis quelques années on avait emprunté aux quatre
départements existants, et notamment à celui des estampes,
une somme plus ou moins forte, et ce département n'a cessé
de réclamer avec assez de raison. Une somme annuelle de
6,000 fr. pourrait être demandée aux chambres avec con-
fiance pour satisfaire à ce besoin impérieux.

Cette demande, Monsieur le ministre, est indépendante
d'une autre plus spécialement consacrée à l'acquisition des
précieuses collections ethnographiques aujourd'hui propo-
sées à votre ministère, et qu'il est bien à désirer qu'on ne
laisse pas échapper comme tant d'autres, qui sont perdues
pour la France. Aujourd'hui cette branche d'un dépôt général de géographie est pour la deuxième fois et définitivement rattachée à notre grand musée littéraire qui, pour
le dire en passant, est appelé improprement Bibliothèque,
puisqu'il renferme en effet d'autres collections toutes différentes des livres et toutes étrangères à la bibliographie.

En agir ainsi était suivre la voie la plus économique et la
plus judicieuse qu'on pût prendre; c'était se borner aux dépenses utiles, éviter un personnel très dispendieux et se con-
former enfin à l'avis de l'illustre Cuvier. Au reste, un assez
grand nombre d'objets importants, à la disposition de l'administration supérieure comme à celle de Sa Majesté, pourraient dès à présent entrer gratuitement dans la collection
publique, et je serais moi-même assez disposé, quand le
moment sera venu, à faire hommage de celle que m'ont pro-
curée ma correspondance et mes voyages.

L'objet de cette lettre étant très général, j'ai dû me borner sur ce point, Monsieur le ministre, à des observations
succinctes, en me référant aux documents et aux pièces qui
sont déjà déposés dans vos bureaux; il me suffira de rap-

peler que des collections semblables et publiques existent partout excepté en France, et ce n'est pas seulement dans des capitales comme Vienne, Berlin, Pétersbourg, Londres, Munich, La Haye, Copenhague, Dresde, Stuttgard, etc., mais encore dans des villes de second ordre et même des villes continentales, telles que Gottingue, Leyde, Weimar, Gotha, Cobourg, etc. Il existe en outre des cabinets particuliers à Coblentz, Dusseldorf, Francfort, Aix-la-Chapelle, Leipsick, etc. Il serait bien extraordinaire que la France, elle qui possède tant de musées, fût le seul pays où l'on ne trouvât pas de semblables collections ouvertes à l'étude, et un dépôt public destiné à recevoir les produits des voyages que l'État ordonne ou qu'il encourage. Paris a des musées de toute espèce et il s'en forme tous les jours de nouveaux ; seule, l'ethnographie en est dépourvue.

En résumé, M. le ministre, pour répondre à la lettre que vous m'avez fait l'honneur de m'adresser, je pense que la constitution du département des collections géographiques peut se réduire quant à présent : 1° à la création d'une place de conservateur adjoint, d'une place d'employé et d'une place de garçon de service ; 2° à une dotation annuelle pour les acquisitions des cartes géographiques au fur et mesure de la publication ; 3° aux frais d'appropriation du local actuel, dépense une fois faite ; 4° aux frais de mobilier, dépense pour la première année.

Au moyen de cette dépense modique, les collections géographiques seraient enfin mises à la disposition du public studieux, et j'ose assurer qu'elles ne tarderaient pas à porter leurs fruits.

J'ai l'honneur d'être avec respect, etc.

JOMARD.

Paris, 1er avril 1839.

(**B**).

Installation du Dépôt général de Géographie, en mai 1828, dans les bâtiments de la Trésorerie. — Local assigné à la collection géographique.

En vertu des ordres du ministre de l'intérieur, M. le vicomte Héricart de Thury, directeur des travaux publics, par une lettre en date du 12 mai 1828, chargea M. Delannoy, architecte, de rechercher dans les *bâtiments de l'ancienne Trésorerie* un local propre à recevoir le dépôt géographique et de se concerter avec le conservateur. Les bureaux du ministère des finances occupaient encore à cette époque les bâtiments du Trésor.

Le 13 mai, M. Delannoy écrivit à M. Jomard la lettre suivante :

Paris, ce 15 mai 1828.

Par sa lettre d'hier, M. le directeur des travaux publics[1] me charge d'avoir l'honneur de me concerter avec vous pour le choix, dans les bâtiments de l'ancienne Trésorerie, d'un local qui recevrait le dépôt géographique dont vous êtes conservateur. Alors je vous prie de vouloir bien m'indiquer le jour et l'heure où vous prendriez la peine de vous rendre à l'ancienne Trésorerie, rue Neuve-des-Petits-Champs, au coin de celle Vivienne, pour y voir les localités disponibles.

J'ai l'honneur, etc.

DELANNOY,
Architecte de la Bibliothèque du Roi.

[1] Le vicomte Héricart de Thury

Le 17 mai 1828, lettre du même au même sur le choix qui avait été fait de la galerie du rez-de-chaussée et de la galerie en retour, de concert avec l'architecte.

17 mai 1828.

J'ai l'honneur de vous adresser le calque indiquant la galerie au rez-de-chaussée, au-dessous de celle Mazarine, et indiquant aussi celle au midi en retour [1]. L'échelle fait connaître la dimension de ces deux localités. Je viens d'écrire à M. le directeur des travaux publics pour lui faire part du choix que vous avez fait hier de ces deux localités pour y classer la collection qui vous est confiée.

DELANNOY

Il est à observer qu'un plafond existait alors dans toute la longueur de la galerie à la moitié de la hauteur, et que toute l'étendue de ces deux étages était occupée par d'anciens bureaux séparés par des cloisons.

Le 20 mai, lettre de M. A. de Périgord à M. Jomard :

Direction des travaux de Paris.

20 mai 1828.

M. le comte de Latouanne, chef de bureau de contrôle de la direction, se rendra demain à trois heures à la Bibliothèque du Roi, pour y examiner, ainsi que vous l'avez désiré, les localités destinées à votre dépôt et chercher les moyens de les assainir suffisamment.

J'ai l'honneur, etc.

A. DE PÉRIGORD.

[1] Voir le plan de la galerie et de l'aile du rez-de-chaussée, plus joint à cette lettre.

Quelque temps après, sur la demande du conservateur, le plafond et toutes les cloisons furent abattus, et la galerie disposée pour recevoir les collections. M. Visconti, successeur de M. Delannoy, fut chargé de cette appropriation.

En 1829 un projet fut demandé à l'architecte de la Bibliothèque Royale, M. Visconti, pour l'achèvement et la restauration de la Bibliothèque. L'établissement était alors possesseur des bâtiments du Trésor et de tous les terrains contigus qui avaient servi successivement pour la Bourse et les bureaux de la loterie[1]. Les bureaux des finances pour l'indemnité des colons avaient achevé leurs opérations. L'architecte avait fait un plan général où le plus grand nombre des constructions pour le service proprement dit de la Bibliothèque étaient conservées; les trois hôtels sur la rue Neuve-des-Petits-Champs et tout le reste étaient remplacés par de nouveaux bâtiments consacrés aux collections. Le plan communiqué au conservatoire fut adopté dans sa séance du 29 avril 1829, et plus tard par le conseil des bâtiments civils; ensuite il fut approuvé par le ministère. On commença la construction, en 1831, par la partie de la rue Vivienne; le rez-de-chaussée avec deux ailes en retour était consacré à la collection géographique, le premier étage à celle des estampes, le deuxième étage à la continuation de celle des manuscrits. L'architecte écrivit au conservateur la lettre suivante :

Monsieur,

J'ai l'honneur de vous faire passer le plan de la partie qui serait destinée, dans la restauration de la Bibliothèque du Roi, au dépôt des voyages : il y a une échelle, il vous sera facile de vous rendre compte du développement des surfaces.

Je suis avec respect, Monsieur, etc.

VISCONTI.

[1] Voir le plan de 1829.

L'étendue sur la rue Vivienne était de $46^m,90$, chacune des deux ailes était de 35 mètres ; la largeur de chacune de ces trois galeries était de $0^m,30$, la hauteur de 6 mètres. Elles étaient éclairées, la première à l'ouest, les deux autres au nord et au sud. Le projet était de placer aux extrémités les globes de Coronelli ; dix tables de $2^m,50$ auraient pu admettre quarante ou soixante travailleurs ; vingt-huit armoires auraient reçu les cartes des différentes parties du monde, les atlas généraux, les mappemondes, les cartes de géographie physique, statistique et historique, cosmographie, géodésie, etc., etc.

(C).

Notice de plusieurs cartes officielles étrangères acquises pour la collection.

Grande-Bretagne : La grande carte des comtés d'Irlande, au nombre de trente comtés et dix-sept cents feuilles, par le lieutenant Larcom et ses collaborateurs.

Monarchie autrichienne : Cartes des États héréditaires, par l'état-major général autrichien : le Tyrol et le Voralberg, vingt-six feuilles ; l'archiduché d'Autriche, trente feuilles ; les cartes du royaume Lombard-Vénitien, quarante-trois feuilles ; la carte administrative du royaume d'Italie, huit feuilles ; les Alpes autrichiennes, trente-trois feuilles ; le royaume d'Illyrie, trente-sept feuilles, le tout publié par le dépôt impérial topographique ; la carte topographique du Milanais et du Mantouan, par les astronomes de l'observatoire de Brera.

Prusse : Cartes topographiques des États prussiens, par l'état-major prussien ; carte administrative du royaume publiée par le bureau du commerce, etc.

Russie : Carte de la Russie occidentale, publiée sous la direction du général Schubert, en cinquante-neuf feuilles ; le gouvernement de Saint-Pétersbourg, par le dépôt militaire topographique ; la partie européenne de l'empire de Russie, *idem* ; la Crimée en dix feuilles, *idem* ; la frontière occidentale de l'empire russe en cent soixante-trois feuilles, *idem* ; la Russie asiatique d'après les nouvelles divisions en gouvernements et en provinces, *idem*.

Bavière : Carte topographique de la Bavière, par l'état-major bavarois, en cent quatre feuilles ; carte hydrographique de la Bavière, par le même.

Saxe : Carte topographique de la Saxe et carte géologique du pays, par la chambre cadastrale.

Danemark : Cartes publiées par l'état-major danois et par les archives de la marine royale danoise (le dépôt de la marine) ; carte de l'Islande par le même dépôt.

Suède : Carte de la Norwège dressée par ordre du roi...

Hanovre : Carte du royaume de Hanovre, par Papen, en soixante-sept feuilles.

Wurtemberg : Carte topographique du royaume, par le bureau topographique de Stuttgard, en trente-huit feuilles.

Bade : Carte topographique du grand-duché de Bade, par le bureau topographique badois, en cinquante-six feuilles ; le cours du Rhin, de Huningue à Lauterbourg, en dix-neuf feuilles, par le même.

Hesse-Darmstadt : Le grand-duché de Hesse, par l'état-major hessois, vingt-une feuilles.

Suisse : Nouvelle carte de la Suisse publiée par ordre de la Confédération ; carte du canton de Genève par ordre du canton.

États Sardes : Carte topographique des États de S. M. le roi de Sardaigne (terre ferme), par l'état-major général sarde, six feuilles.

Divers États d'Italie : ***Parme, Plaisance et Guastalla***, par le bureau topographique impérial, en neuf feuilles; ajoutons ici l'île d'Elbe et la Corse par le dépôt de la guerre de France.

Naples : Carte topographique et hydrographique des environs de Naples à un vingt-cinq millième en quinze feuilles, par le bureau topographique de Naples.

Turquie d'Europe : La carte du bureau topographique de Saint-Pétersbourg, vingt et une feuilles : la Moldavie, la Valachie, etc., vingt et une feuilles.

A ces cartes, toutes relatives à l'Europe, on pourrait joindre un grand nombre de cartes importantes et d'une valeur presque égale à celle des cartes officielles, parce qu'elles sont l'ouvrage d'auteurs très estimés : l'*Espagne* et le *Portugal* de Lopez, en cent deux feuilles : l'*Atlas maritime d'Espagne*, par Tofino, quarante-cinq feuilles ; le *Portugal*, par Jefferys.

Sur l'Autriche: l'Atlas de Hongrie (magyar atlas), Gorog, soixante-deux feuilles ; la Bohême, par Kreybich, seize feuilles; la Hongrie en douze feuilles et la Bohême en vingt-cinq feuilles, par Muller ; la Dalmatie, par Max. de Traux, neuf feuilles ; la carte générale de Hongrie de Lipsky, douze feuilles.

Sur la Prusse et ses régences : la Silésie, la Poméranie, etc., par Witzleben, Engelhardt, Gilly, le major Diebitsch.

Sur la Russie européenne et asiatique : la Pologne, la Finlande, la Livonie, par Piadischeff, Mellin, Danielow, Plater, Engelhardt, Erman, Wrangel, général Khatoff.

Sur l'Allemagne: le Hanovre, la Souabe, la Saxe, duché de Berg, la Westphalie, etc., par Muller, Amman, Michaelis, Schlieben, Oberreit, Wiebeking, général Lecoq, etc.

Sur la Suède et la Norwége : le Danemark, le Holstein, le Slesvig, les cartes de Hermelin, Forsell, Schumacher, Schreiber, Munch.

Sur les Pays-Bas: l'atlas du royaume d'après le cadastre, par Desterbecq; les cartes chorographiques, par Debouge et Khayenhoff ; les cartes de van Gorkum, de Wiebeking, etc

Sur la Belgique : les cartes de Keyser et de Van der Maelen.

Sur la Suisse : les cartes de Weiss, Keller, Pfyffer.

Sur la Sardaigne : la carte du général La Marmora.

Sur la Toscane et l'Italie en général, les cartes d'Inghirami, de Bordiga, de Zuccagni Orlandini, de Litta, etc.

Sur la Grèce, outre les cartes de la Morée par l'état-major français, les cartes de Muller et d'Aldenhoven en grec.

Sur la Turquie, l'empire ottoman en Europe, par l'Institut géographique, Munich, 1818 ; la Valachie, la Bulgarie et la Roumélie, par le général Khatoff, etc., etc.

On peut encore ajouter à ces cartes les productions qui, bien qu'un peu plus anciennes et datant du dix-huitième siècle, sont cependant, par leur importance, tout à fait indispensables à une collection complète.

Quant aux autres parties du monde, elles comptent fort peu de cartes officielles : on y a suppléé par les cartes les plus récentes, et surtout par les plus estimées. Il faut compter cependant parmi les premières la carte de l'Hindoustan, par la Compagnie des Indes, en un très grand nombre de feuilles ; les cartes anglo-américaines, publiées par l'ordre des États ; la carte de l'Amérique russe de Pindischeff, la carte du Canada, la carte de Venezuela et quelques autres, soit sur l'Amérique, soit sur l'Afrique, l'Asie et l'Océanie. La *Martinique* et la *Guadeloupe*, par le dépôt de la marine de France, sont entrées à titre gratuit : il en est de même de l'*Égypte*, en 53 feuilles, et des cartes de l'Algérie et de Tunis.

Les cartes dont l'énumération précède sont purement géographiques et indépendantes de la catégorie si importante des cartes physiques, statistiques, historiques qu'on s'est attaché à réunir, depuis l'origine : celles-ci, jointes aux pièces du dépôt légal et à toutes les autres parties de la collection, forment environ 60,000 pièces. On comprend les cartes murales qui ne peuvent entrer dans les portefeuilles ;

celles-ci rappellent, sous un rapport, les cartes peintes dans la galerie géographique du Vatican et les cartes peintes au palais ducal de Saint-Marc, où sont retracées les excursions des grands voyageurs vénitiens et les pays conquis par la République. Sont aussi compris dans ce nombre les monuments de la géographie et de l'astronomie, la plupart *originaux*, depuis le xve siècle jusqu'à la moitié du xvie; les *fac-simile* sont entièrement conformes aux originaux et peuvent les remplacer complétement pour l'étude.

Pour terminer cet article sur la composition du cabinet, il faut ajouter que, lors de sa formation, le département des livres imprimés livra 60 portefeuilles provenant de Saint-Victor, 88 autres portefeuilles de cartes diverses et environ 200 volumes.

Les cartes sont placées dans des enveloppes ou portefeuilles de leur grandeur, sans aucun pli et à plat, sur des tablettes mobiles; les atlas reliés et les volumes, sur des tablettes fixes, et les uns comme les autres sont rangés suivant l'ordre d'entrée, mais en ayant égard à la diversité des formats. Ce mode de placement a le double avantage de faciliter le travail de rapprochement et de comparaison, et de conserver les pièces; la reliure à plusieurs plis est une cause de destruction: les cartes pliées se rompent ou se déchirent, et ce mode nuit beaucoup aux recherches.

(D).

Collections particulières dont s'est enrichi le cabinet géographique.

Paris a toujours compté, outre les savants et les géographes de profession, plusieurs amateurs de géographie (quoique en moins grand nombre que les amateurs d'estampes, dont il importait de ne pas laisser passer les collections à l'étranger. Voici les noms des personnes dont on s'est procuré les collections de cartes : MM. Barbié du Bocage l'élève de d'Anville, Gosselin son émule, Abel Rémusat, Klaproth, Prony, Fortia d'Urbin, de Noailles, Eyriés, Fauvel; on a réuni un grand nombre de cartes de Philippe Buache et quelques-unes de Guillaume Delisle et d'Anville, qui étaient en la possession de Buache neveu; elles se sont trouvées à la vente des cabinets Gosselin, Klaproth, Rémusat, Eyriés, et ont passé ainsi à la Bibliothèque Royale. D'autres ventes ont encore procuré des collections importantes, celles de MM. Paccaroni, Monteil, de Bure et d'autres libraires renommés. Les cartes de plusieurs de nos généraux sont venues aussi enrichir le cabinet de la Bibliothèque, savoir : celles du général Valazé, du général d'Hennin, du général Guillemhot. Toutes ces cartes forment plus de 96 portefeuilles ou volumes et renferment 8 à 9,000 pièces.

(E).

Dons procurés à la *Bibliothèque Royale*.

Il serait peut-être plus conforme à la modestie de ne pas révéler l'origine des dons importants faits à la collection géographique; mais la taire serait superflu, puisqu'il est assez connu que j'ai mis à profit, dans cet intérêt et dès le commencement, une correspondance en Europe assez étendue et qui datait de plus de vingt années. Je crois, au reste, n'avoir fait que mon devoir en n'épargnant ni temps, ni soins, ni voyage, ni dépense pour recommander en Europe le nouvel établissement et lui allier la sympathie des savants. C'est surtout vers la recherche des plus anciennes cartes du moyen-âge, de ces vénérables monuments de la géographie primitive, que j'ai dirigé mes efforts. En 1828, personne ne songeait à rassembler ces précieux restes et à les réunir en corps dans une collection nationale. Depuis, tout est bien changé; ces objets sont recherchés partout avec avidité; on les ramasse pour enrichir les dépôts publics d'où ils ne peuvent plus sortir, et ils deviennent d'une extrême rareté.

Le premier don procuré à la collection royale de Paris en 1830 a été celui de neuf grands volumes des cartes de l'amirauté britannique au nombre de 605 : je raconterai plus loin quelle fut l'occasion de cette libéralité. La série, continuée depuis tous les ans jusqu'à 1846, compte aujourd'hui 1529 pièces. Elle fut bientôt suivie d'une autre également importante, également venue de la Grande Bretagne, le don de la grande carte topographique d'Angleterre publiée par le bureau d'artillerie, et connue sous le nom de *Map of Ordenance survey of Great Britain.*

Vers le même temps, M. William Bald, l'un des ingénieurs qui avaient travaillé à la carte du comté de Mayo (Irlande), fit présent du relief de l'île Clare, chef d'œuvre d'exécution comme d'exactitude, et plus tard de la suite des cartes gravées du comté. M. Cochelet, consul de France en Amérique, envoya de Guatemala un atlas maritime de l'Amérique du Nord; le prince Labanof fit don du catalogue de son cabinet géographique et d'une carte manuscrite de la Russie Orientale; M. Roux de Rochelle, ministre plénipotentiaire de France aux États-Unis, des cartes des cinq États suivants : la Virginie, les deux Carolines, New-York, Pensylvanie; M. Klaproth, de plusieurs cartes chinoises; le ministre des affaires étrangères, de l'atlas turc; M. Nunez Carvalho offrit le voyage de don Juan de Castro;

M. Wiebeking, le cours du Rhin; le colonel Corabœuf, la
chaîne des Pyrénées; le bureau topographique de Stuttgard,
une partie du cadastre de Wurtemberg; M. Bessas-La-
mègie, fit don d'une planche gravée de Belida, renfermant
le plan de la Mecque; M. Prel, de trente et une cartes
du seizième siècle; le duc de Sutherland, du comté de
Sutherland en six feuilles; M. Berthelot, des cartes des
îles Canaries; don Ramon de la Sagra, de son ouvrage sur
Cuba; le capitaine James Ross, de son voyage aux terres
polaires; le major Poussin, de cartes sur les chemins
de fer américains; l'œuvre de la Propagation de la Foi, de
ses Annales; l'administration des postes, du Dictionnaire
des postes; M. Tastu, de deux anciennes cartes sur parche-
min; M. Fauriel, d'une carte semblable du dix-septième
siècle; M. Robinson, des plans tirés de son Voyage en
Orient; la Société royale géographique de Londres, de son
savant recueil périodique, que l'on sait accompagné des
cartes les plus nouvelles; M. Mionnet, de son Atlas numismatique; M. de Caumont, de plusieurs cartes géologiques.

En 1839 et années suivantes, l'Université de Harvard
(États-Unis) fit présent de son catalogue géographique; le
général Visconti, de plusieurs cartes sur Naples; M. Greenough, le président de la Société géographique de Londres, de la grande carte géologique d'Angleterre; lady
Rennell Rodd, la fille du célèbre major Rennell, d'une
carte autographe de son père et de plusieurs de ses ouvrages géographiques; M. de Saluce, de la carte des États
sardes; M. Albert Gallatin, le savant linguiste américain,
de neuf cartes sur les États-Unis et l'Amérique du Nord;
le colonel Sabine, de ses observations sur le magnétisme
terrestre, déclinaison, intensité, etc.; le pasteur Sédelin,
de plusieurs cartes danoises; M. Tassin, de la collection
de ses cartes sur l'Indostan; M. Delessert (Adolphe), d'un
voyage dans l'Inde; M. Cajigal, de la carte de la république

de Venezuela du colonel Codazzi; le baron Humboldt,
de la carte physique de Ténériffe; M. Hansteen, de son
ouvrage et de son atlas sur le magnétisme terrestre; M. En-
dlicher de Vienne, de l'atlas de Chine, M. Francis
Lavallée, de six cartes sur l'île de Cuba; M. le comte Dietrichstein, alors directeur de la Bibliothèque Impériale de
Vienne, du *fac-simile* d'un célèbre atlas du quatorzième
siècle (1518); l'Institut du Brésil, du recueil intitulé: *Re-
vista trimensal de historia e geographia*; le général Zarco
del Valle, directeur du corps du génie espagnol, d'une très
grande carte de Cuba; M. Rafn, secrétaire de la Société
royale des antiquaires du Nord, de douze pièces sur la Scan-
dinavie; monsignor Rossi, de Naples, d'une ancienne carte
catalane du Musée bourbonien; enfin, Joseph Micali, Angelo
Pezzana et autres savants italiens, de plusieurs ouvrages sur
l'histoire de la géographie.

L'un des dons les plus importants a été fait en 1844 par
S. M. Louis-Philippe: c'est celui d'une grande carte chinoise récemment publiée.

Nous citerons encore plusieurs autres présents faits à la
collection par M. Edouard Biot de ses opuscules sur la Chine;
par le baron de Prony, de cartes des marais Pontins; le duc
de Luynes, d'une grande et ancienne carte chinoise; Res-
chid Pacha, de plusieurs cartes turques tirées d'une géographie turque; le comte de Tourgueneff, d'un théâtre
de la guerre de Polotzk; M. de Santarem, de deux ouvrages sur Améric Vespuce et les découvertes des Portugais;
M. Ed. Rüppell, de son Voyage en Abyssinie avec atlas;
M. Hodgson, d'une Notice sur l'Afrique septentrionale,
M. Pourtalès, de la carte du fond du lac de Neufchâtel;
M. Pezzana, de son ouvrage sur l'ormaléoni; M. Osterwald
de Neufchâtel, de ses tableaux hypsométriques sur la Suisse;
M. Everett, citoyen des États-Unis, d'une carte maritime;
M. S. Moise, son compatriote, de deux atlas imprimés par

son procédé cérographique ; M. Mollien, de plusieurs cartes sur l'île de Cuba ; M.S. de Lœwenstern, de plusieurs pièces sur Christophe Colomb et Fernand Cortez ; M. Graberg de Hemso, d'une série de ses travaux géographiques ; enfin, tout récemment, M. de Steinbüchel, d'une carte du moyen âge, et M. de Challaye, d'une carte du bombardement d'Alger par Charles-Quint.

Beaucoup de savants et voyageurs français ont fait aussi à la collection des libéralités qu'il serait trop long de décrire: ce sont MM. le marquis de Lagrange, Reinaud, Stanislas Julien, baron Walckenaer, Guérard, Bory-Saint-Vincent, Jaubert, P. Paris, le comte de Montlezun, Lebland, Vivien, Grille, Elie de Beaumont déjà cité, Viquesnel, Sédillot, d'Avezac, le général Marey-Monge, Even, Minard, Hennin, Collier, Mauroy, Blau, Buchon, Ballin, de Laroquette, d'Orbigny, Berthelot, Vattemare et cent autres donateurs à qui l'on doit témoigner une juste reconnaissance. Tant d'exemples, si bien couronnés par la double libéralité du conseiller Werlauff, ne peuvent qu'attirer de nouveaux dons à la Bibliothèque et exciter une heureuse sympathie en faveur de la collection géographique.

J'ai dit plus haut que je ferais connaître l'origine du premier don fait par l'amirauté britannique, suivi bientôt de tant d'autres; la voici : sir William Hay, sous-secrétaire d'État des affaires étrangères, fut envoyé à Paris en 1820 par le foreign-office pour prendre des renseignements sur Hassouna d'Ghies de Tripoli, frère d'un ministre du dey, lequel Hassouna l'on croyait compromis à l'occasion de l'assassinat du célèbre voyageur major Laing. Selon M. Warrington, consul anglais à Tripoli, Hassouna aurait su le premier la mort de l'infortuné voyageur; on allait jusqu'à dire qu'il avait des relations secrètes avec la tribu arabe soupçonnée de l'assassinat. On avait su à Londres que je possédais une pièce relative à la mort du major Laing, tué à la sortie de Tombouctou, non par des Arabes, mais par des Touâriq, à une immense distance de Tripoli ; c'était une déclaration, écrite par plusieurs Africains, sur le lieu de la catastrophe et sur la dispersion des instruments et des papiers de l'infortuné voyageur. J'avais reçu cette pièce du gouverneur du Sénégal. Même avant de l'avoir reçue, je tenais Hassouna pour étranger à cette affaire ; son innocence m'était démontrée par un fait très simple : c'est que le bruit qui courut à Tripoli de la mort de Laing était une fausse rumeur et que ce bruit avait suivi de près son départ de Tripoli ; on reçut en effet des lettres de lui-même après cette fausse nouvelle. La pièce originale qui était en ma possession prouvait que les Arabes de Tripoli et de l'intérieur étaient étrangers à l'événement ; en attendant, on allait intenter un procès criminel à Hassouna. Celui-ci vint à Paris et me déclara qu'il allait lui-même en Angleterre se présenter à ses juges, ce qu'il fit en effet comme il l'avait voulu faire à Tripoli même devant son accusateur, qui cependant eut assez de crédit pour le faire sortir du beylik en vingt-quatre heures.

M. W. Hay vint me trouver ; je lui communiquai la pièce et lui dis ce que je savais de cette affaire ; il se convainquit bientôt lui-même, et il parut si heureux de sa découverte, qui allait épargner à son pays un procès odieux, qu'il m'assura que je lui avais rendu un important service, et qu'il me pria instamment de lui permettre de me témoigner sa reconnaissance, ce que je refusai bien entendu ; puis je lui parlai du nouvel établissement qui venait d'être formé à la Bibliothèque Royale ; il parut y prendre beaucoup d'intérêt, disant qu'il n'y avait rien de semblable à Londres ni ailleurs. Au bout de quelque temps, je ne fus pas peu surpris de recevoir de l'amirauté le magnifique cadeau des sept volumes de cartes hydrographiques, richement reliés en cuir de Russie, et, quelque temps après, la collection de

la grande carte du Bureau d'artillerie pour le département
de géographie.

(F).

Méthode de classification de la collection par ordre de pays et de matières et plan du catalogue.

La note suivante fait connaître le plan du classement de
la collection de la Bibliothèque Royale, et en même temps
la base qui doit servir au catalogue. On y verra que les
pièces qui entrent dans la collection sont rangées par ordre
d'entrée, de même que les inscriptions sur les livres-registres, et comme elles portent le même numéro que sur ces
registres, rien n'est plus facile que de les trouver quand ce
numéro est connu. On voit ensuite que les *bulletins* des-
criptifs des pièces sont classés alphabétiquement par ordre
de matières ou de pays, afin de retrouver toujours facilement le numéro de la pièce quand il est inconnu.

Aperçu du classement et du plan du catalogue.

Le *Catalogue* des cartes géographiques que possède la Bibliothèque Royale doit être assujetti au mode de classement
qui a été suivi pour former et ordonner cette collection,
et ce classement est subordonné lui-même aux divisions
entre lesquelles se partagent les sciences géographiques;
ces divisions sont les suivantes :

I. La cosmographie et la géographie mathématique et
leurs diverses branches, bases premières de la science ;

II. La géographie proprement dite, c'est-à-dire la chorographie et l'hydrographie ;

III. La géographie physique;

IV. La géographie sociale ou politique, comprenant les cartes statistiques de tout genre, les cartes administratives, économiques, commerciales, industrielles, etc. ;

V. La géographie historique et toutes ses ramifications.

Chacune de ces cinq classes se partage en plusieurs ordres, genres et espèces qu'il est inutile de détailler ici [1]. Une branche supplémentaire comprend les divers sujets qui ne rentrent pas dans les classes précédentes.

La classe II comprend donc toutes les cartes qui peuvent se ranger suivant les *contrées*. Les classes I, III, IV, V, comprennent les cartes qui se rapportent aux *matières générales*.

Chacune de ces cartes fait l'objet d'un *bulletin* qui porte un numéro d'ordre et qui sert à trouver la pièce dans la collection par le procédé suivant.

Si la méthode est d'absolue nécessité pour toute classification, c'est surtout pour l'arrangement des cartes dans une collection; en effet, leur nombre, leur nature, leur destination, leur format, tout y diffère à un tel point que les recherches y sont beaucoup plus difficiles que dans les livres, soit imprimés, soit manuscrits.

Les cartes doivent porter au moins quatre indications pour que leur titre soit complet : le nom du pays ou du sujet, celui de l'auteur, l'année et le lieu de la publication, sans parler du format : mais il s'en faut de beaucoup qu'on les y rencontre toujours; le titre lui-même manque quelquefois tout à fait. En second lieu, il est facile, sur le dos d'un livre, de placer un signe distinctif, reconnaissable même à quelque distance; comme cela n'est pas possible pour une simple feuille, il faut y suppléer par quelque méthode facile, simple, uniforme et toujours applicable.

____

1) Voyez plus haut, page 11.

Voici le système suivi à la Bibliothèque Royale de Paris à cet égard, c'est-à-dire pour le classement de la collection géographique.

Chaque bulletin renferme les indications suivantes ou au moins cinq de ces indications, toujours portées aux mêmes places :

Le sujet (contrée ou matière), le format, le nom de l'auteur, le titre de la pièce ou la description, le lieu de la publication et l'année, le nombre des feuilles ou pièces, le numéro d'enregistrement.

Les bulletins par *contrées* sont rangés suivant l'ordre alphabétique de ces mêmes contrées, chose très facile. La difficulté était de trouver un arrangement aussi commode pour les autres espèces de bulletins. On a reconnu que l'ordre alphabétique devait et pouvait être observé pour cette seconde espèce comme pour la première. A cet effet, on a fait choix d'un certain nombre de mots comprenant les divers genres de cartes qui en dépendent. Chaque bulletin est placé dans les boîtes suivant l'ordre de la lettre *initiale* du mot caractéristique. S'il s'agit, par exemple, d'une carte de la lune, on cherche dans les bulletins à l'*U* (uranographie) ; s'il est question d'une carte itinéraire, on cherche à la lettre *I* (itinéraires [cartes]) ; d'une carte hydrographique, on cherche à la lettre *H*, et ainsi de suite. Que l'année ou le nom de l'auteur soient inconnus, peu importe, pourvu que le lieu soit connu, ou bien le sujet : une indication ou deux suffisent pour distinguer et reconnaître la pièce : l'expérience a montré, depuis dix-huit ans, tout l'avantage du système alphabétique continu. Si une carte a le même titre ou le même objet que telles autres, il n'est pas plus difficile de la distinguer entre toutes, parce que les noms des auteurs, rangés aussi alphabétiquement, les différencient ; enfin, si c'est le même auteur, la distinction est faite par l'année de la publication : tellement que c'est toujours un nombre qui détermine la place du bulletin, soit le chiffre d'ordre dans l'alphabet (lequel exprime le rang d'une lettre initiale), soit le chiffre du millésime. De cette façon, dix, douze cartes, presque en tout semblables, seraient et sont en effet parfaitement différenciées, et les bulletins qui les représentent sont posés à la place invariable qui leur appartient. Par cet arrangement si simple, tout employé trouve immédiatement dans les boîtes le numéro, et, par conséquent, dans la collection, la carte cherchée. Ainsi a été résolu le problème consistant à trouver aussi facilement, aussi promptement une feuille de papier détachée, dans quarante ou cinquante mille, qu'un volume dans une bibliothèque. Il peut manquer une ou plusieurs des quatre indications précitées, mais cela n'empêche pas de déterminer la place du bulletin et celle de la pièce. Il en sera de même pour une collection de cent mille pièces que pour le recueil le plus mince. La suite de ces bulletins ainsi rangés formerait un catalogue méthodique tout fait.

Ajoutons à cet aperçu du système de classement que les bulletins par ordre de *contrée* ou de *matière* sont doublés par d'autres bulletins rangés par ordre *d'auteur ;* de façon que le nom de l'auteur peut suppléer celui du lieu ou celui du sujet. Il y a donc deux espèces de bulletins : dans les premiers, la *matière* ou la *contrée* est écrite en tête, à l'encre rouge : dans les seconds, c'est le nom de l'auteur, à l'encre noire. Ces règles simples contribuent à abréger les recherches, et à faire trouver rapidement une carte quelle qu'elle soit.

Les bulletins par *contrée* et par *matière* ont été rédigés au fur et mesure de l'entrée des pièces, et, toutes les fois que le temps a permis, on a dressé le bulletin par auteur, ainsi que les bulletins de renvoi d'une matière à l'autre, ou bulletins *duplicata*. On possède ainsi les éléments d'un catalogue détaillé et bien ordonné des pièces de la collection ; il n'y aurait plus qu'à transcrire sur des registres, méthodiquement et après révision, les descriptions portées sur les bulletins, soit par contrée, soit par matière. Ce catalogue serait suivi d'une liste générale des auteurs, avec le renvoi au numéro correspondant. On ne peut donner ici qu'un aperçu du nombre des pièces, attendu que les atlas sont composés d'un nombre très variable de cartes, et qu'il existe des cartes, surtout parmi celles qu'on a publiées depuis une certaine époque, qui comprennent trente, quarante feuilles ou beaucoup plus. La carte nouvelle d'Irlande (pour ne citer qu'un exemple), publiée par le bureau d'ordonnance, une par chaque comté, est composée de dix-sept cents feuilles pour trente comtés seulement. On a vu que les volumes et portefeuilles d'atlas de l'amirauté anglaise renferment également un très grand nombre de pièces ; ce nombre passe aujourd'hui quinze cents.

Les neuf mille cinq cents numéros enregistrés jusqu'à la fin d'août 1846 forment environ soixante-cinq mille bulletins (représentant environ cinquante-cinq mille feuillets à cause des renvois). Il faut ajouter au compte ci-dessus les numéros provenant du dépôt légal et ceux qui proviennent du fonds ancien.

On ne pourrait qu'évaluer très approximativement le temps que demandera la transcription des bulletins sur les *volumes de catalogue*. Mais ceux-ci ont été préparés à l'avance au nombre de quarante à feuilles mobiles, et l'on pourra commencer le travail dès que les fonds seront assignés. Quant à l'impression, il serait difficile d'y songer avant cette transcription, attendu que les *bulletins* ne peuvent sortir de la Bibliothèque ; ils sont nécessaires au service quotidien, et l'on ne doit pas s'exposer au risque d'en perdre un seul.

(G).

Note sur les livres-registres de la collection géographique.

Les registres tenus pour l'inscription de toutes les entrées consistent dans les livres suivants : 1° *journal général*, composé de 8 volumes, et finissant, au n° 11560 de la série, au dernier jour de l'année 1847, comprenant les articles acquis, reçus en don ou entrés par le dépôt légal, avec une description complète et leur provenance ou origine ; 2° le *registre sommaire* des dons et acquisitions, en 5 volumes, où chaque article est inscrit en une ligne avec des colonnes distinctes ; 3° le *registre spécial du dépôt légal*, composé d'après les livres tenus au ministère de l'intérieur, avec les noms des déposants. Tous ces registres sont entièrement à jour : la commission ministérielle peut s'en assurer.

(H).

Note au sujet de quelques objections.

Quelques personnes, préoccupées avec raison de l'avantage que présente aux études la réunion de toutes les branches de la Bibliothèque Royale en un seul corps et en un seul lieu, ont paru surprises qu'il y eût un certain nombre de livres, de volumes de texte à la division de géographie, et ont témoigné la crainte qu'il y eût là un danger pour l'unité de l'établissement général, une tendance à le scinder un jour en plusieurs établissements séparés, idée qui s'est fait jour plusieurs fois dans le public et même à la tribune.

Ce danger est chimérique, une telle crainte ne repose sur aucun fondement. Il ne s'agit pas ici d'examiner si ce projet de division sera accueilli, ni s'il est bon ou mauvais, ni s'il est praticable: Il n'est question que d'une seule chose: la présence dans un coin de la Bibliothèque de quelques centaines de volumes, renfermant la plupart des cartes, serait-elle jamais un prétexte pour ceux qui voudraient faire sortir de notre musée, par exemple, les médailles ou bien les estampes, par le motif que ce ne sont pas des livres? Ceux qui voudront soutenir la thèse d'une division auront certes d'autres raisons à alléguer que celle-là. Quelqu'un a-t-il jamais, en effet, argué de la présence d'une certaine quantité de volumes, au département des manuscrits, au département des estampes, au département des médailles, pour faire prévaloir le projet de dissolution? Personne. Il faut reconnaître avant tout que ces volumes sont utiles pour le service; il en est même d'indispensables, ce sont les instruments du travail. Il en a été accordé partout, mais avec mesure, sur la demande des conservateurs.

Il en est donc de même de la section de géographie. Les employés ont besoin de tels outils; ces outils sont des dictionnaires géographiques, des catalogues de cartes, quelques livres de voyages, à cause des cartes originales qui s'y trouvent, cartes toujours tronquées dans les atlas et trop souvent dénaturées par les cartographes; d'ailleurs ces cartes se trouvent, dans les livres de voyages, à une échelle bien plus grande que dans les réductions, c'est-à-dire qu'elles sont infiniment plus exactes: ce sont les seules enfin sur lesquelles on puisse travailler avec sûreté. Quant aux anciennes cartes, faudrait-il, par exemple, que la géographie de Ptolémée ou celle d'Ortelius fût absente d'un dépôt de géographie, parce que les cartes de Ptolémée et d'Ortelius sont jointes à leurs descriptions? Beaucoup de cartes, et des plus intéressantes pour l'histoire, ne se rencontrent presque jamais isolées et sont restées jointes aux textes. Les enlever des livres serait un inconvénient; ne pas les trouver

dans la collection des cartes en serait un autre. Faudra-t-il
que les travailleurs, après avoir étudié telle carte dans la collection de géographie, se transportent au département des livres afin d'en faire la comparaison, et cela de mémoire, avec
telle autre carte qui se trouve dans un livre de ce département? Cela est-il possible? Négligeons le trajet qu'il faut faire
d'un département à l'autre, la traversée des cours par toutes
saisons; l'homme poussé, échauffé par le zèle de l'étude, ne
regarde ni au froid ni à la pluie; mais est-il croyable qu'il
aura gardé pendant dix minutes, et souvent trois fois plus,
le souvenir bien fidèle de la carte qu'il aura étudiée dans la
collection géographique? Est-ce là d'ailleurs faciliter les
études scientifiques, et croit-on, par de telles restrictions,
encourager la jeunesse à cultiver une science qui a par elle-
même assez peu d'attraits? Et cependant qui pourrait nier sa
haute utilité? qui pourrait nier aussi qu'elle est trop peu ré-
pandue? qui ne sait enfin qu'elle l'est bien plus en Angleterre
et en Allemagne, et qu'elle y est même une science populaire?

Revenant à l'objection dont il s'agit, ajoutons que les donateurs qui ont enrichi de leurs libéralités la collection de
géographie ont adressé en don, avec les cartes géographiques,
certains ouvrages ou d'histoire militaire, ou de voyages,
ou des recueils géographiques; peut-on ne pas respecter
leur volonté expresse? Ils ont conçu apparemment ce cabinet au point de vue de sa plus haute utilité. Il y a des
cartes très rares, des cartes anciennes des quinzième et seizième siècles, qui ne se trouvent que dans certains livres;
n'est-il pas avantageux de pouvoir les rapprocher des cartes
du moyen âge dont la collection s'est enrichie? Les sociétés de géographie de Londres, de Berlin, de Francfort, de
Bombay, etc., publient, dans leurs recueils de relations de
voyages et de recherches géographiques, des cartes qu'on
ne saurait trouver ailleurs; or ces cartes sont nécessaires
à celui qui veut approfondir un sujet. Il en est encore de

même des cartes géologiques, des coupes géologiques. Le dépôt de la guerre, en France, et le dépôt de la marine adressent avec leurs cartes plusieurs textes inséparables de ces publications. Ce sont les tableaux des coordonnées, les instructions nautiques, les routiers, les opérations hydrographiques, etc.; faut-il les rejeter? L'amirauté britannique a constamment ajouté à ses envois annuels quelques cahiers ou volumes de texte qu'elle publie et qu'elle annexe aux cartes hydrographiques; c'est qu'il ne peut venir en l'idée de personne de séparer les explications indispensables aux marins, aux voyageurs qui étudient ces matières. Ajoutons, enfin, pour terminer cette question, qu'en 1820, à l'époque où le département des livres, en exécution de l'ordonnance, fit la remise au dépôt de géographie de ses cartes et atlas, il lui livra un assez grand nombre de volumes dans lesquels le texte, joint aux atlas, est aussi ou même plus étendu que les cartes elles-mêmes; c'est qu'il était également impossible, et de retrancher ces pages des volumes, et de retrancher ces cartes d'une collection géographique; nous citerons seulement les ouvrages d'Ortelius, de Blaeu, du P. Martini, de N. Sanson, Hondius, de Wit, Vischer, Homann, Jansonius, Baudran, etc., etc. Il n'existe pas de collection géographique, de cabinet de cartes sans un certain nombre de livres; que l'on ouvre seulement le catalogue des cartes du dépôt de la guerre de Munich, le catalogue des cartes de l'université de Harvard, le catalogue du prince Labanof, le *repertorium* des cartes de Woltersdorf, et tous les catalogues de cartes connus.

Nous disions tout à l'heure qu'il fallait à tout prix encourager, faciliter, développer chez nous les études géographiques; cette assertion incontestable nous rappelle une autre objection. Faut-il dans les salles de la géographie exposer des cartes murales, historiques, physiques, scolaires et autres? Oui, sans doute, et dans une certaine mesure;

cela n'est pas nécessaire dans des établissements comme le dépôt de la guerre et de la marine où l'on s'occupe de la confection des cartes mais non de l'étude, et qui sont fermés au public; il en est tout autrement dans notre musée où le public travailleur et les étrangers connus sont admis tous les jours, où le public est reçu chaque semaine à des jours marqués. Ce besoin d'exposer certaines pièces remarquables à l'attention des visiteurs et des travailleurs est si généralement senti qu'il n'y a pas un des quatre départements anciens de la Bibliothèque Royale où on y ait manqué; partout vous voyez des échantillons choisis, exposés dans les salles, non pas sans doute pour satisfaire une vaine curiosité, mais pour donner à tous une idée de ce qu'il y a de plus parfait ou de plus scientifique. Aussi personne a-t-il jamais trouvé mauvais qu'on exposât dans les galeries des imprimés les commencements de l'imprimerie, les chefs-d'œuvre de typographie, et même ceux de la reliure? Qui peut trouver mauvais que le département des manuscrits ait un lieu réservé pour exposer les reliures précieuses et historiques? Qui s'est jamais plaint de la magnifique exposition du cabinet des médailles?

Enfin ne voit-on pas exposés dans les salles du cabinet des estampes une série de gravures qui sont les chefs-d'œuvre des Audran, des Edelink, des Rembrandt, des Cl. Lorrain, etc., et d'autres artistes modernes illustres à leur tour? Pourquoi donc refuserait-on à la division de géographie d'exposer une partie de ce qu'elle a de précieux dans ses portefeuilles et dans sa collection, les cartes du moyen âge, les cartes autographes des savants illustres, des d'Anville, des Buache, des Rennell, les magnifiques cartes géologiques de l'Angleterre, de la France, de la Saxe? Si le savant géologue Greenough a fait hommage à la France de sa grande carte géologique d'Angleterre, toute montée, ce n'est pas apparemment pour être démontée, puis pliée et reliée. Il arrive de temps en temps,

même des cartes géologiques, des coupes géologiques. Le
dépôt de la guerre, en France, et le dépôt de la marine
adressent avec leurs cartes plusieurs textes inséparables
de ces publications. Ce sont les tableaux des coordonnées, les instructions nautiques, les routiers, les opérations hydrographiques, etc. ; faut-il les rejeter ? L'amirauté
britannique a constamment ajouté à ses envois annuels
quelques cahiers ou volumes de texte qu'elle publie et
qu'elle annexe aux cartes hydrographiques ; c'est qu'il ne
peut venir en l'idée de personne de séparer les explications
indispensables aux marins, aux voyageurs qui étudient
ces matières. Ajoutons, enfin, pour terminer cette question, qu'en 1820, à l'époque où le département des livres,
en exécution de l'ordonnance, fit la remise au dépôt de
géographie de ses cartes et atlas, il lui livra un assez grand
nombre de volumes dans lesquels le texte, joint aux atlas,
est aussi ou même plus étendu que les cartes elles-mêmes ;
c'est qu'il était également impossible, et de retrancher ces
pages des volumes, et de retrancher ces cartes d'une collection géographique ; nous citerons seulement les ouvrages
d'Ortelius, de Blaeu, du P. Martini, de N. Sanson, Hondius,
de Wet, Vischer, Romain, Jansonius, Baudran, etc., etc. Il
n'existe pas de collection géographique, de cabinet de cartes
sans un certain nombre de livres ; que l'on ouvre seulement
le catalogue des cartes du dépôt de la guerre de Munich, le
catalogue des cartes de l'université de Harvard, le catalogue du prince Labanof, le *repertorium* des cartes de Woltersdorf, et tous les catalogues de cartes connus.

Nous disions tout à l'heure qu'il fallait à tout prix encourager, faciliter, développer chez nous les études géographiques ; cette assertion incontestable nous rappelle une
autre objection. Faut-il dans les salles de la géographie
exposer des cartes murales, historiques, physiques, scolaires et autres ? Oui, sans doute, et dans une certaine mesure ;

cela n'est pas nécessaire dans des établissements comme
le dépôt de la guerre et de la marine où l'on s'occupe
de la confection des cartes mais non de l'étude, et qui
sont fermés au public; il en est tout autrement dans
notre musée où le public travailleur et les étrangers connus
sont admis tous les jours, où le public est reçu chaque semaine à des jours marqués. Ce besoin d'exposer certaines
pièces remarquables à l'attention des visiteurs et des travailleurs est si généralement senti qu'il n'y a pas un des
quatre départements anciens de la Bibliothèque Royale où
on y ait manqué; partout vous voyez des échantillons choisis, exposés dans les salles, non pas sans doute pour satisfaire une vaine curiosité, mais pour donner à tous une
idée de ce qu'il y a de plus parfait ou de plus scientifique.
Aussi personne a-t-il jamais trouvé mauvais qu'on exposât
dans les galeries des imprimés les commencements de l'imprimerie, les chefs-d'œuvre de typographie, et même ceux
de la reliure? Qui peut trouver mauvais que le département des manuscrits ait un lieu réservé pour exposer les
reliures précieuses et historiques? Qui s'est jamais plaint
de la magnifique exposition du cabinet des médailles?

Enfin ne voit-on pas exposés dans les salles du cabinet des
estampes une série de gravures qui sont les chefs-d'œuvre des
Audran, des Edelink, des Rembrandt, des Cl. Lorrain, etc.,
et d'autres artistes modernes illustres à leur tour? Pourquoi
donc refuserait-on à la division de géographie d'exposer une
partie de ce qu'elle a de précieux dans ses portefeuilles et
dans sa collection, les cartes du moyen âge, les cartes autographes des savants illustres, des d'Anville, des Bauche, des
Rennell, les magnifiques cartes géologiques de l'Angleterre,
de la France de la Saxe? Si le savant géologue Greenough a
fait hommage à la France de sa grande carte géologique d'Angleterre, toute montée, ce n'est pas apparemment pour être
démontée, puis pliée et reliée. Il arrive de temps en temps,

à la collection, des cartes historiques, peintes ou dessinées, d'une grande proportion, et ainsi montées, par exemple ces cartes originales de Roussel, commencées au temps de Louis XIV, si longtemps perdues et dont je me félicite d'avoir enfin recouvré une partie : faudra-t-il les dénaturer? qui proposerait cette mutilation? La plupart des cartes à grand point, composées de plusieurs feuilles, ne peuvent servir utilement que si ces feuilles sont jointes. De là certaines toiles comme celles des départements de la France, belle collection publiée par le département de la guerre et déjà arrivée au quart de son étendue. Les grandes toiles géographiques ne peuvent trouver d'asile que dans les dépôts publics. Ne voit-on pas à Rome, comme je l'ai déjà dit, de ces cartes murales peintes, ouvrage remarquable d'Egnazio Danti [1], d'autres à Venise au palais ducal et encore en d'autres lieux ? Dans ces villes, pas plus qu'à Paris, on ne les met point sous les yeux pour satisfaire une curiosité sotte ou frivole ; leur objet, en frappant les yeux, est d'exciter l'attention, soit sur les lieux qu'elles représentent, soit sur les faits qu'elles rappellent, soit sur l'histoire de la science, enfin de faire aimer la science ellemême. Nulle part plus qu'en France (j'en ai dit la raison, le peu d'avancement des connaissances géographiques), on n'a besoin d'avoir recours à cette pratique.

Cette exposition de pièces géographiques en dehors des portefeuilles, où la masse des cartes est conservée et cachée, comprend une seconde série d'objets qui ne peuvent trouver place que sur des tables ou tablettes spéciales : ce sont les reliefs géographiques. L'art de construire ces reliefs est fort ancien, mais celui de les reproduire et de les multiplier est pour ainsi dire tout nouveau. L'utilité de

[1] Cette galerie géographique du Vatican, ornée en stuc doré, peinte par Egn. Danti, a 371 pieds de longueur ; on l'appelle *galleria della carte geografiche. (Il Vaticano descritto ed illustrato,* par Pistolesi. t. VI, in-fol., 1829.)

ces pièces pour l'instruction de la jeunesse a dès longtemps été reconnue, mais leur cherté ne permettait pas de les propager. Aujourd'hui l'industrie est venue à bout de vaincre cet obstacle : on imprime ces cartes matérielles à peu près comme des cartes ordinaires, et le prix n'en est guère plus élevé. L'exactitude de ces cartes, auxquelles on faisait jadis sous ce rapport de justes reproches, est maintenant beaucoup plus grande. La Prusse, Francfort, l'Allemagne, le Wurtemberg, la France surtout, en publient fréquemment. Un Français, d'Artigue, en fit le premier une belle application à l'hydrographie il y a près de quatre-vingts ans [1]. Le dépôt légal en a amené un certain nombre à la Bibliothèque depuis dix ans. M. Élie de Beaumont a donné celle du Vésuve et celle de l'Etna. On fait en Angleterre des cartes géologiques en relief à couches mobiles. Le comté de Mayo, en Irlande, a fait construire un certain nombre de cartes en relief, parfaitement et géométriquement exactes, qui, après avoir servi de modèles aux dessinateurs et aux graveurs de la carte du comté, sont aujourd'hui des modèles d'étude pour la configuration du sol et le rapport des formes avec la constitution géologique. Toutes ces notions ne peuvent se lire sur une carte, quelque bien gravée qu'elle soit. Ceux qui sont au courant de la matière savent qu'aucune méthode rigoureuse n'a encore été trouvée jusqu'à présent pour exprimer les formes du terrain par une simple projection. Les systèmes suivis varient par toute l'Europe, et de la façon la plus arbitraire, parce que le problème est hérissé de difficultés et que chaque auteur l'a envisagé sous des faces différentes.

Parmi les meilleures cartes de cette espèce que possède la collection géographique, nous citerons seulement la carte de l'île Clare, la carte de la Suisse saxonne, la carte de

[1] La fille de M. Méchain a fait don à la Bibliothèque des reliefs et dessins de cet inventeur ingénieux.

Neuchâtel, la carte du Mont-Blanc faite sous la direction du célèbre Ritter par M. Kummer de Berlin, la carte de France par le même, la carte de la vallée du Rhin par M. Ravenstein de Francfort, la carte du Wurtemberg et quelques autres, surtout la carte de l'île de Ténériffe, par M. Berthelot, etc. Le roi de Wurtemberg a décerné des récompenses à l'artiste qui chez nous a trouvé des moyens mécaniques pour la reproduction des reliefs géographiques. La Suisse, qui possède depuis bien longtemps des cartes de cette espèce, n'a pas, jusqu'à présent, songé à les multiplier. Elle compte encore des artistes habiles à les construire, témoin les reliefs du Simplon et du Mont-Blanc (avec le Saint-Bernard) de M. Sené, véritables chefs-d'œuvre d'exécution et d'exactitude[1]. Le gouvernement d'Espagne, sur la demande du général Zarco del Valle, directeur du corps du génie espagnol, a envoyé à Paris un artiste pour apprendre à exécuter des reliefs, et qui a été formé par M. Bauerkeller. A Paris, au Conservatoire des arts et métiers, il existe des chefs-d'œuvre en ce genre, les *Environs de Metz*, exécutés par un ancien professeur de l'école du génie, M. Bardin, qui les a construits au moyen des courbes horizontales ou courbes de niveau.

La représentation en relief de certaines parties du globe, surtout les petites contrées exprimées à une grande échelle, étant bien comprise, c'est-à-dire étant considérée au point de vue de la géographie physique, on reconnaîtra sans peine le caractère scientifique de ces sortes de productions; par conséquent elles ne peuvent qu'ajouter à la valeur d'une col-

---

[1] L'Académie des sciences a chargé une commission d'ingénieurs et des savants de lui rendre compte du relief du Mont-Blanc, et les commissaires ont adressé à l'auteur de justes éloges. La Société de géographie a fait étudier par plusieurs commissions spéciales la question des reliefs géographiques, et elle en a reconnu l'utilité pour l'étude de la géographie physique. On doit convenir aussi qu'il existe des ouvrages en ce genre qui sont très défectueux.

lection consacrée à toutes les branches de la géographie. Au
reste, ce caractère est celui qui convient par-dessus tout à
une institution savante comme la Bibliothèque Royale, et
c'est l'idée qui m'a constamment préoccupé depuis l'origine; la division exposée au commencement de cet écrit le
démontre suffisamment. Il faut que la collection soit complète, sans doute; il faut même qu'un jour il n'y ait pas un
seul lieu qui n'ait sa représentation quelconque dans le
cabinet de géographie; mais il faut que l'esprit scientifique domine, afin d'élever de plus en plus le niveau des
études. Ce serait aller dans le sens directement opposé que
de ne pas embrasser l'universalité de la science, et de
réduire une collection géographique à un certain nombre
de cartes et d'atlas, en volumes uniformes, symétrique-
ment rangés à la façon d'un magasin.

Il faut autre chose dans une collection complète de géographie que des *volumes de cartes;* il faut, par exemple,
qu'on puisse y trouver des globes de grande proportion;
parmi les plus curieux de ce genre sont certainement ceux
de Coronelli.

La réputation de ces globes est telle en Europe, qu'il
n'est pas un des visiteurs, même parmi les savants de profession, qui, introduit à la Bibliothèque Royale, ne
demande à les voir; beaucoup d'entre eux s'adressent au
cabinet de géographie, les croyant naturellement placés
dans cette collection, ou bien jugeant que celle-ci doit être
placée au voisinage des globes : on a vu plus haut où ils
trouvaient leur place dans la nouvelle construction sur la
rue Vivienne. Ces globes sont les plus grands qui aient
jamais été construits ; ils constatent l'état des connaissances
pour l'année 1685 ou plutôt l'année 1688. On sait qu'ils
furent commandés à Venise, au cosmographe de la république, le célèbre François-Vincent Coronelli, par le cardinal
d'Estrées, au nom de Louis XIV. Le cardinal les présenta

au roi en 1704 ; ils furent d'abord placés à Marly ; en 1750,
ils furent transportés à la Bibliothèque du Roi, et l'on con-
struisit à cet effet la salle qu'ils occupent[1]. L'astronome
Lahire et d'autres académiciens concoururent à leur exécution, et il en parut une description de la main de Lahire.
Ces monuments de la géographie et de l'astronomie, construits il y a 160 ans, occupent précisément dans l'histoire
des sciences le point milieu entre l'époque présente et
l'année 1528, et ils marquent une transition.

(I).

Dépôts géographiques, publics et privés, existant en Europe.

Les établissements publics destinés à la confection et à
la publication des cartes géographiques et hydrographiques
renferment tous aussi des collections de ces mêmes cartes,
mais peu d'entre eux comprennent des collections générales
comme celle qu'on veut former à la Bibliothèque Royale
de Paris. Il existe dans les diverses bibliothèques de l'Europe quelques collections spéciales de cartes, mais peu
considérables. Les plus riches en ce genre sont, autant que
je puis le savoir, celle du ***Haupt-Conservatorium*** de
Munich et celle du ***British-Museum***. Voici les principaux
établissements : à Londres, le bureau des hydrographes
de l'amirauté et le bureau d'artillerie ; a Berlin et à Munich, le dépôt royal topographique ; à Madrid, le bureau
hydrographique ; en Italie, le bureau de l'état-major sarde
à Turin et le bureau topographique de Naples ; le bureau

[1] Consulter l'article *Cartes géographiques* dans l'*Encyclopédie du XIX*
siècle.

impérial topographique à Vienne ; le bureau impérial topographique de Saint-Pétersbourg ; à Copenhague, l'état-
major danois et les archives de la marine royale danoise, etc. Il ne faut pas omettre les établissements
privés formés en diverses villes de l'Europe, tels que,
en Belgique, le musée géographique fondé à Bruxelles
en 1821 par M. Van der Maelen, renfermant, outre la
collection de cartes, un cabinet ethnographique, un bureau de dessin géographique où se confectionnent des
cartes et des plans principalement relatifs à la Belgique,
et encore d'autres annexes ; en Saxe, l'institut géographique
fondé à Weimar en 1791 par Vertuch : où se publiaient
les *Ephémérides géographiques* (il a depuis été dirigé par
M. Frorlep, Il est aujourd'hui confié à un jeune savant
hautement estimé, M. Henri Kiepert); en Bavière, l'établissement géographique fondé à Nuremberg en 1702 par Homann,
et qui est aujourd'hui sous la direction de M. Fembo ; en
Autriche, l'établissement géographique de Vienne de
MM. Schrœmbl et Moll ; en Prusse, l'établissement géographique de la maison Schropp à Berlin ; en Russie , la collection géographique du prince Labanoff, que je crois
cédée au dépôt impérial de Saint-Pétersbourg ; dans le
duché de Brunswick , l'établissement géographique de
Brunswick de M. Schenk, etc.

(**K**).

Supplément à la liste des savants qui ont visité le cabinet géographique.

Aux noms des personnes citées ci-dessus (page 24), qui
toutes ont travaillé à la collection géographique ou l'ont

visitée, il faut encore ajouter les noms suivants : sir W.
Hay et M. Watts, de Londres; le professeur Thomsen, de
Kœnigsberg, et M. Pergament, de Berlin; M. Thiersch, de
Munich; les colonels del Pielago et Osorio, de Madrid; Adrien
de Balbi et Salvi, de Milan; MM. Struve et Brossel, de Saint-
Pétersbourg; M. de Wappäus, de Gottingue; M. Isidore de
Lowenstern, de Vienne; M. Boué, de Vienne; M. Weil, de
Heidelberg; M. de Siebold, de Leyde; M. le docteur Hol-
trop, de La Haye; M. Falbe et M. le colonel Abrahamson,
de Copenhague; M. Humbert, de Genève; M. Osterwald,
de Neufchâtel, etc., etc. Il serait trop long de citer ici tous
les voyageurs et les savants français qui ont consulté la
collection géographique, soit pour se préparer à leurs excursions, soit pour leurs publications.

Addition à l'appendice (A). *Voy.* page 62.

(Extrait du *Moniteur* du 25 avril 1828.)

« La science administrative se fonde sur les faits : la lu-
mière qu'ils répandent sur les systèmes est assez précieuse,
assez nécessaire à la félicité publique, pour que tous les
moyens propres à réunir ces faits soient mis en œuvre
pour ce noble but. La géographie et la statistique comptent et mesurent tout : leurs résultats certains éclairent le
gouvernement, lui dévoilent ses ressources réelles, aver-
tissent sa sollicitude, assurent le succès de ses vues phi-
lanthropiques. L'histoire se nourrit aussi de ces résultats ;
l'esprit et la raison se plaisent à les comparer, et si quelque bien doit en résulter, ils le devinent, l'apprécient, le
proclament et le mettent à l'usage de tous. Un dépôt spé-

cialement consacré à la géographie et à la statistique était donc un besoin reconnu, la protection royale l'a satisfait en créant ce dépôt à la Bibliothèque et en lui donnant un conservateur spécial. Elle y a réuni un autre grand monument déjà historique pour notre France et qui se lie intimement aux brillantes découvertes de l'érudition de notre âge ; il comprend tous les matériaux, dessins et planches en cuivre, texte et planches gravées, de la Description de l'Égypte, ouvrage aujourd'hui terminé, et que la munificence royale a consacré à la gloire des arts et à celle de la patrie. »

TABLE.

	Pages.
Observation préliminaire	5
§ Ier. Objet qu'on s'est proposé en créant un dépôt général de géographie à la Bibliothèque Royale. — Ordonnance de création.	9
§ II. Ce qui a été fait quant à l'exécution de l'ordonnance.	16
§ III. Nécessité de séparer le dépôt de géographie du dépôt des estampes; différence radicale entre ces deux collections.	25
§ IV. Ce qui reste à faire, besoins de l'institution. (Allocation spéciale accordée par les chambres en 1839. — Service de la division géographique).	32
§ V. État et progrès de la science, avenir de l'institution, insuffisance du local actuel, indigne d'un établissement tel que la Bibliothèque Royale	38
§ VI. Retour à l'ordonnance de création. — Conditions indispensables pour le service public.	43
§ VII. Conclusion et résumé.	51
Appendice. Pièces, notes et documents.	57
(A) Ordonnances royales pour la création du dépôt général de géographie.	57
(B) Installation dans la galerie du rez-de-chaussée. — Pièces.	70
(C) Acquisition des principales cartes officielles étrangères	73
(D) Acquisition de plusieurs collections particulières de cartes	77

PAGES.

(E) Dons procurés à la Bibliothèque Royale. 78

(F) Méthode de classification de la collection géographique et plan du catalogue 84

(G) Note pour les registres. 89

(H) Examen de quelques objections. . . . .

(I) Dépôts de cartes, publics et privés, existants en Europe. 98

(K) Supplément à la liste des savants qui ont visité le cabinet géographique 99

Addition à l'Appendice (A) 100

FIN DE LA TABLE.

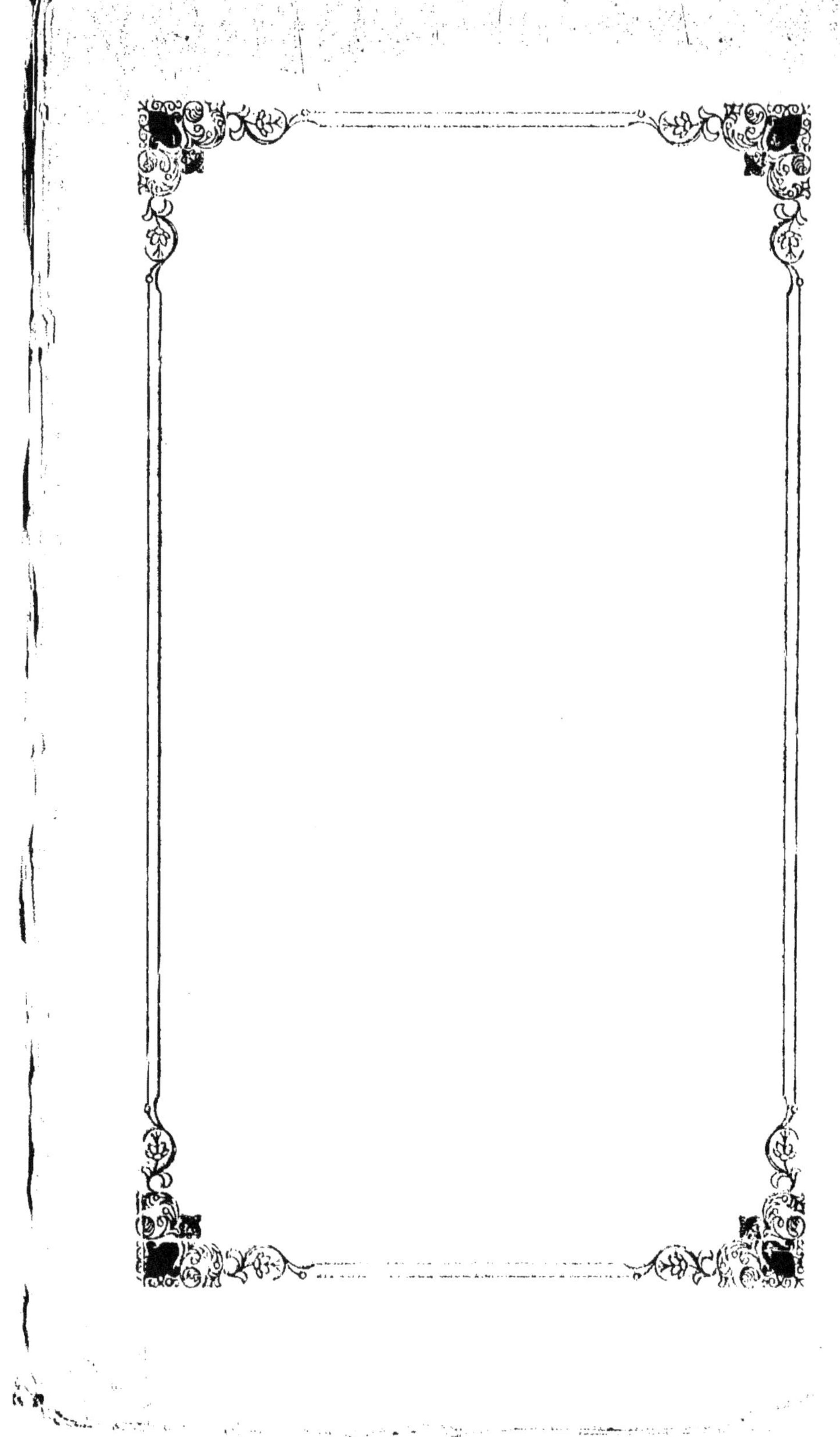